Gephi&R을 사용한 네트워크 빅데이터 분석

네트워크 중심성 이론

Bigdata Intelligence

Gephi&R을 사용한 네트워크 빅데이터 분석

네트워크 중심성 이론

김우주 지음

카오스북 CHAOS BOOK

네트워크 중심성 이론

펴낸날	2017년 8월 20일 초판 2쇄
	2015년 5월 20일 초판 1쇄
지은이	김우주
펴낸이	오성준
펴낸곳	카오스북
주소	경기도 파주시 광인사길 121
출판등록	제406-251002012000111호
전화	031-947-1961, 1962
팩스	031-947-1966
홈페이지	www.chaosbook.co.kr
편집	디자인 콤마
정가	9,000원
ISBN	978-89-98338-78-7 93000

머리글

네트워크 이론은 그 뿌리를 그래프 이론에 두고 있다. 그래프 이론은 1735년 오일러가 쾨니히스베르크의 일곱 개 다리를 한 번씩만 지나가면서 전부 건널 수 있는지에 대한 궁금증을 그래프를 이용하여 불가능하다는 것을 증명하는 데 사용함으로써 시작되었다고 한다. 네트워크 이론은 그래프에서의 노드들을 특정한 대상물로 표현하고 이 노드들 간의 관계를 엣지로 표현한 그래프에 대한 연구를 말한다. 특히 사람들 간의 사회적 관계에 대한 표현 수단으로 네트워크는 가장 적절하고 편리한 수단으로써 사회적 주체들과 그들 간의 관계를 네트워크로 표현하고 이를 분석함으로써 사회에 대한 통찰이나 구성원들에 대한 사회적 성격을 규정하는 데 매우 유용한 도구로 사용되어 왔다. 인터넷과 웹의 성장은 웹 페이지 간의 네트워크를, 2000년대 들어 등장한 페이스북, 트위터, 링크드인 등 소셜 네트워킹 서비스들은 사람들 간의 네트워크 데이터를 생산해내고 있다. 이와 같은 네트워크 데이터들은 빅데이터 시대를 주도하는 큰 흐름 중 하나이며 빅데이터 분석에 있어서도 매우 중요한 주제이자 분석 대상인 것이다.

이 책은 독자들에게 이와 같은 네트워크 데이터에 대해 현재 가장 보편적이고 광범위하게 사용되는 네트워크 중심성 이론을 소개하고 또한 네트워크 분석에 가장 널리 사용되고 있는 분석 도구인 Gephi와 R을 중심으로 실제 예제 데이터를 이용하여 그 사용법은 물론이고 어떻게 네트워크 중심성 분석의 결과를 활용하고 통찰을 얻을 수 있는지 보다 구체적이고 실용적인 방법을 소개하고 있다. 일반 독자는 물론 빅데이터 분야에의 입문서 나아가 실무에서 구체적 목적을 가진 네트워크 중심성 분석 가이드로서도 사용 가능하며 국내에서의 빅데이터 저변 확대에 일조하기를 바라면서 이 책을 구성하였다.

2015년 4월

김우주

차례

제 1 장

네트워크의 이해

1.1

네트워크의 정의

이 장에서는 네트워크와 관련된 개념들을 살펴보고, 다양한 네트워크 이론에 대해 학습한다. 네트워크 이론 중에서 특히 중심성에 대한 이론을 위주로 설명한다.

네트워크는 우리말로 '망(網)'이라고 한다. 기존에는 주로 '통신망'의 의미로 사용되어 지리적으로 떨어져 있는 장치(전화기, 팩스, 컴퓨터, 단말기)들과, 이들 간에 정보를 교환할 수 있도록 접속시켜 주는 각종 전자 기기 및 회선을 합쳐 이르는 말이었다.

이후 '개체'와 '개체 간의 연결'로 구성된 네트워크의 모양은 이와 유사한 구조를 분석하는 여러 학문에서 관심을 가지는 대상이 되었다. 이제 네트워크는 통신망의 의미를 넘어서서 훨씬 더 넓은 의미를 가지는 일반적인 단어가 된 것이다. 여기에서는 네트워크와 관련된 사례를 보면서 네트워크가 가지는 의미와 우리 삶과의 밀접성에 대해 생각해보도록 한다.

★ 사례: '케빈 베이컨의 6단계'와 '작은 세상 네트워크'

사회학에서의 네트워크는 '사람들을 연결시키고, 사회학적 지위, 집단이나 조직을 연결시키는 관계의 묶음'이라고 정의할 수 있다. 사회학 관점에서 볼 때 사람들 간에 차이가 나는 것은 서로 다른 네트워크에 있거나, 같은 네트워크에 있지만 네트워크상의 위치가 다르기 때문이라고 설명할 수 있다.

1994년에 사회학적 네트워크에 대한 관심을 증폭시켰던 사건이 있었다. 미국의 대학생 3명이 '존 스튜어트 쇼'에 출연하여 '케빈 베이컨의 6단계(Six Degrees of Kevin Bacon)'라고 불리게 될 가설을 내세웠다. 6단계 또는 그보다 적은 단계를 걸치면 모든 배우가 케빈 베이컨과 연관되어 있다는 가설이다. 이들은 방청객들이 제시하는 유명인들이 케빈 베이컨과 연결되는 이유를 제시하여 주목을 끌었다.

예를 들어 해리슨 포드는 베이컨과 같은 영화에 출연한 적은 없지만, 베이컨과 함께 연기했던 캐런 앨런과 함께 영화에 출연한 적이 있기 때문에 베이컨과 인연이 있다는 식이다. 이 일을 계기로 미국에서는 한동안 '베이컨 게임'이라는 놀이가 유행했는데, 배우들이 베이컨과 몇 단계 안에 연결될 수 있는가를 더 빨리 찾는 게임이었다.[1]

이후 '작은 세상 네트워크(small-world network)'라는 개념과 이에 관련된 연구가 나왔다. 1998년 던컨 와츠(Duncan J. Watts)와 스티븐 스트로가츠(Steven Strogatz)가 네이처 지에 발표한 논문에서 몇 개의 무작위 연결만으로 네트워크의 구성원들이 쉽게 연결될 수 있다는 것을 보였고, 이러한 네트워크를 '작은 세상 네트워크'라고 불렀다.[2]

'케빈 베이컨의 6단계'와 '작은 세상 네트워크'는 사람들이 얼마나 잘 연관되어 있는지 보여주는 사례이기도 하지만, 우리가 사는 세상의 일부는 네트워크의 모양을 하고 있으며, 네트워크 이론으로 사회적 현상을 일부 설명이 가능하다는 것을 시사하기도 한다. 네트워크 이론은 사회학 이외에도 생물학 등 다양한 학문 분야에서 사용되고 있으며, 네트워크의 형태를 띠고 있는 여러 시스템에 응용될 수 있다.

그림 1 케빈 베이컨의 6단계

1.2 네트워크 이론 개요

네트워크 이론은 컴퓨터 과학과 네트워크 과학의 한 분야이다. 공학, 물리학, 생물학, 경제학, 사회학 등 다양한 분야에 응용된다. 네트워크 이론은 개체들 간의 관계를 표현하는 그래프 연구와 관련되어 있는데, '쾨니히스베르크의 다리(Seven Bridges of Königsberg)' 문제에 대한 스위스의 수학자 오일러(Euler)의 해법이 네트워크 이론에 대한 진정한 첫 번째 증명으로 취급된다.[3,4] 소위 '한 붓 그리기 문제'라고 알려져 있는데, [그림 2]와 같은 7개의 다리가 있는 도시에서 각 다리들을 한 번만 건너서 처음 시작한 위치로 돌아오는 길이 있는가 하는 것이 문제이다. 오일러는 이것이 불가능하다는 것을 증명하였다.

이러한 기하학적 네트워크에 대한 분석도 있지만, 최근에 네트워크 이론에서 활발하게 이루어지는 연구는 앞에서 언급되었던 '작은 세상 네트워크' 같은 사회 네트워크 분석(social network analysis)이다. 사회 네트워크 분석에 활용되는 중심성 지표(centrality measure)에 대한 연구 이외에도 네트워크

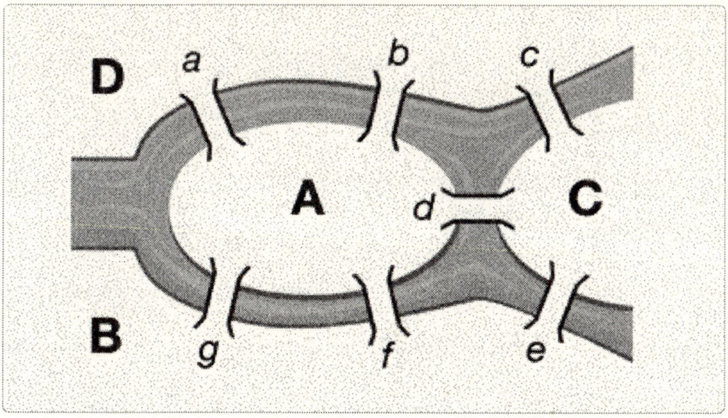

그림 2 쾨니히스베르크의 다리 문제의 도식

견고성(network robustness)에 대한 연구 등이 있으며, 네트워크 이론의 응용 및 활용과 관련해서는 네트워크 표현 방법론 및 시각화에 대한 연구 등이 있다.

네트워크 중심성 이론

중심성(centrality)은 네트워크 구성원들이 네트워크에서 얼마나 중심에 있는가, 즉 얼마나 중요한가를 나타내는 지표이다. 이 책에서 다루고자 하는 부분으로, 다음 장에서 자세하게 설명할 것이다.

네트워크 견고성

견고성(robustness)에 대해서는 짧게만 짚고 넘어가도록 한다. 견고성은 물리적인 네트워크와 관련하여 계산되는 지표로 네트워크가 단절에 저항하는 정도를 의미한다.[5] 견고한 네트워크는 공격이나 파괴에 의해 연결의 일부를 잃어도 정보 전달 능력이 크게 떨어지지 않는다. 보통 에지가 많아서 노드들이 골고루 연결되어 있는 경우 견고하다고 볼 수 있다.

통신 네트워크에서는 효율성을 잃지 않으면서도 견고한 구조를 만들기 위한 연구가 이루어져 왔다. [그림 3]에서 볼 수 있듯 링(ring)형, 버스(bus)형 등 다양한 구조가 있는데, 어떤 방식이 더 적절한지 판단할 때 견고성도 하나의 기준이 될 수 있다.[6]

중심성 지표를 계산하는 것이 네트워크 구성원 차원의 분석이라면 견고성에 대한 분석은 네트워크 전체 차원의 분석이다.

네트워크의 구조적 견고성은 '침투 이론(percolation theory)'을 통해 연구되어 왔다. 중요한 노드나 에지가 제거되었을 때 네트워크는 서로 연결되지 않은 몇 개의 군집으로 분열되는데, 이것을 침투(percolation)라고 한다.[7]

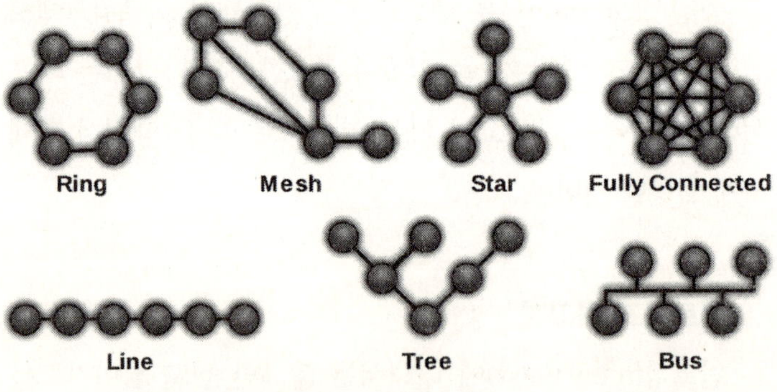

그림 3 여러 가지 통신 네트워크 구조(Topology)

네트워크 표현 방법론

네트워크 표현 방법론은 네트워크 이론에 사용되는 필수적인 도구이다. 네트워크는 '그래프(graph)'라고 부르는 그림으로 표현한다. 일반적으로 그래프를 구성하는 개체들은 '노드(node)'라고 부르며 동그라미로 나타내고, 개체 간의 연결은 '에지(edge)'라고 부르며 노드와 노드를 잇는 선으로 표시한다. 따라서 네트워크 그래프는 [그림 4]와 같이 동그라미들이 선으로 연결되어 있는 모양으로 나타나는 것이 보통이다.

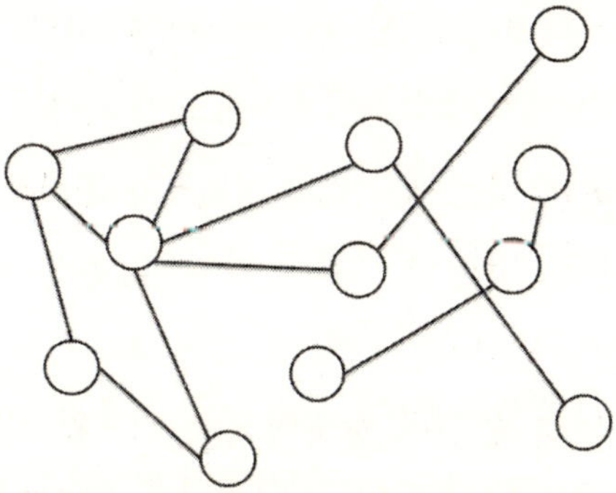

그림 4 단순한 형태의 네트워크 그래프

네트워크를 표현한 것이 그래프이므로 두 단어는 거의 비슷한 의미로 혼용되기도 한다. 이 책에서도 두 단어를 함께 사용하고 있다. 한편, 그래프를 구성하는 '개체'와 '개체 간의 연결'은 학문 분야별로 다르게 부르기도 하는데, 노드는 '버텍스(vertex)'라고도 하며 에지는 '아크(arc)'라고도 한다.

[그림 4]와 같은 경우는 아주 단순한 형태이고, 네트워크

가 지니는 정보를 하나씩 추가할 때마다 그래프의 모양이 조금씩 바뀌게 된다. 노드의 경우는 중요도나 속성에 따라 색과 크기가 달라질 수 있고, 에지의 경우는 방향성의 유무, 속성의 유무, 그리고 가중치의 유무에 따라 모양이 바뀔 수 있다.

에지의 종류와 네트워크 분류

에지는 노드와 노드를 연결하는 선으로 기본적으로 두 노드 간의 어떤 관계가 있음을 시사한다. 그런데 그 관계는 서로 주고받는 관계일 수도 있고, 일방적인 관계일 수도 있다. 또한 각각의 에지가 내포하고 있는 관계의 내용이 서로 다를 수도 있다. 이런 추가적인 의미를 반영해주게 되면 에지의 표현 방식이 달라지므로, 에지 종류에 따라 네트워크를 분류해 볼 수 있다.

먼저, 에지의 방향성 여부에 따라 '방향성 있는 네트워크(directed network)'와 '방향성 없는 네트워크(undirected network)'로 나눌 수 있다. 방향성 있는 네트워크는 입력과 출력이 분리되어 있는 경우로, 보통 에지를 화살표로 표현하여 방향을 표시하는 반면, 방향성이 없는 네트워크는 에지를 선으로 표현한다. 방향성 없는 네트워크는 '관계의 방향에는 관심이 없고 관계의 유무가 중요한 경우'나 '관계 자체가 양방향적인 특징을 가지는 경우'에 사용되는 표현 방식이다.

한편, 에지의 속성이 있는 경우 에지의 표현 방식이 바뀐다. 에지의 속성이 있다는 것은 에지가 표현하는 관계가 여러 개일 수 있다는 뜻이다. 예를 들어 전 세계 국가들 간의 관계 네트워크를 그래프로 표현했다고 하자. 어떤 국가들은 협력 관

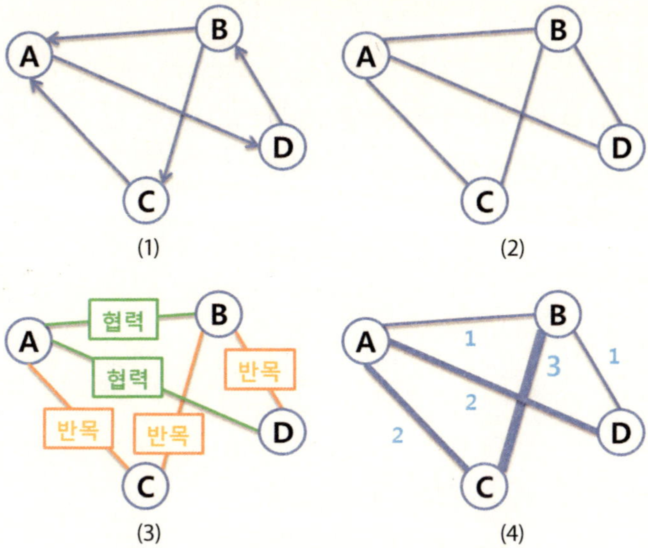

그림 5 에지 종류에 따른 네트워크 분류

계이지만 어떤 국가들은 반목 관계이다. 이 두 개의 서로 다른 관계를 단순히 선으로 표현한다면 제대로 된 의미를 살릴 수 없기 때문에 에지의 색을 다르게 한다든지, 에지 위에 해당 에지가 어떤 관계인지 서술해주는 방식으로 구분해주어야 한다.

마지막으로, 에지의 가중치 여부에 따라 '가중치가 있는 네트워크(weighted network)'와 '가중치가 없는 네트워크(unweighted network)'로 나눌 수 있다. 가중치는 일반적으로 에지가 가진 중요도를 반영하는 것으로, 같은 에지라도 가중치가 큰 에지가 네트워크와 노드에 더 큰 영향을 미치는 것으로 본다. 중요도를 나타내는 가중치로 사용되는 대표적인 값으로는 '수송량', '연결의 강도' 등이 있다. 한편, 때로는 '거리'나

'비용'이 에지의 가중치로 쓰이는 경우가 있는데 이때에는 중요도가 아니라 일종의 페널티로서 기능하게 된다.

[그림 5]는 각각 (1) 방향성 있는 네트워크, (2) 방향성 없는 네트워크, (3) 속성 있는 네트워크, (4) 가중치 있는 네트워크를 표현한 것이다.

1.3 네트워크 중심성 이론

최근에는 다양한 소셜 네트워크 서비스(Social Network Service)가 활성화되어 많은 사람들이 다른 사람들과 연락을 주고받고 자신의 소식을 전하는 것이 일반적인 일이 되었다. 대부분의 사람들이 SNS를 통한 의사소통 자체를 즐기지만, 어떤 사람들은 자신과 연결된 사람의 수를 중요하게 생각하

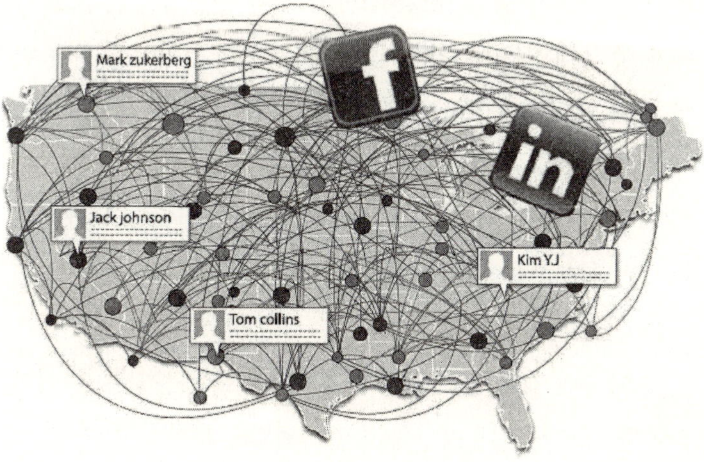

그림 6 소셜 네트워크 서비스

고 이를 늘리기 위해 SNS에 몰두하기도 한다. 함께 이야기를 공유하는 사람의 수를 사회적 영향력의 기준으로 보기 때문이다. SNS에서 하나의 글 또는 메시지는 '친구'들에게 동시다발적으로 전달되기 때문에 유명인일수록 의견의 파급력이 커지게 되는 것이다.

이와 같이 네트워크에서는 영향력이 큰 개체들도 있고 영향력이 미미한 개체들도 있다. 그렇다면 네트워크에서 개체의 중요도는 어떻게 파악할 수 있을까? 이에 대해 분석하는 이론이 네트워크 중심성 이론이며, 네트워크상에서 노드가 갖는 영향력을 나타내는 지표를 네트워크 중심성 지표라고 한다. 즉, 어떤 노드가 네트워크에서 얼마나 중요한 위치를 차지하고 있는가를 나타내는 지표이다. 네트워크 중심성 지표의 종류로는 연결 중심성, 매개 중심성, 인접 중심성 등이 있다.

각각의 지표는 서로 다른 시각에서 노드의 중요성을 판단한다. 따라서 동일한 네트워크에서 연결 중심성이 큰 노드와 매개 중심성이 큰 노드가 서로 다를 수 있다. 이해를 돕기 위해 아래 그림을 참고하자. 아래 [그림 7]은 동일한 네트워크에 대해 세 개의 서로 다른 중심성 지표 값들을 계산하고, 그 값이 크면 붉은색, 작으면 파란색으로 나타낸 것이다. 위에서부터 (A) 연결 중심성, (B) 매개 중심성, (C) 인접 중심성을 기준으로 색을 칠하였다.[8]

이제부터 각각의 지표가 어떤 방식으로 계산되는지, 어떤 의미를 담고 있는지 차근차근 알아보도록 하자.

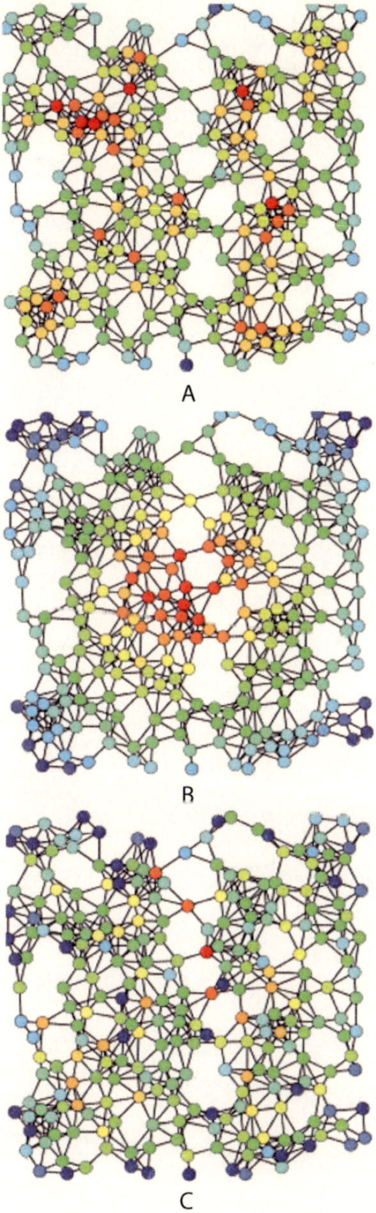

그림 7 중심성 지표

1.3.1 연결 중심성

연결 중심성(degree centrality)은 네트워크에서 노드가 가지는 직접적인 영향력, 또는 노드가 사라지게 되었을 때 잃어버리게 되는 연결의 양을 나타낸다. 노드의 중요도를 나타내는 가장 간단한 지표로, '노드가 가진 연결의 수'로 정의할 수 있다. 직관적인 의미이기 때문에 사람들이 자연스럽게 이해하고 있다. SNS에서 친구의 수를 보는 행동도 연결 중심성을 카운트하는 것으로 볼 수 있다.

연결 중심성은 에지 방향성의 유무에 따라 지표가 나뉘기도 한다. 방향성 있는 그래프의 경우 입력 연결 중심성(in-degree centrality)과 출력 연결 중심성(out-degree centrality)이라는 두 가지 세부 척도로 나누어진다. 입력 연결은 노드로 들어가는 에지의 수이며, 이 값이 크면 많은 정보나 물량이 모이고 집중되는 지점이라는 것을 나타낸다. 출력 연결은 노드에서 나가는 에지의 수이며, 이 값이 크면 정보나 물량이 활발하게 발생하는 지점이라는 것을 나타낸다. [그림 8]에서 노드는 입력 연결 3개와 출력 연결 4개를 가지고 있는 것이다.

한편, 방향성 없는 그래프의 경우 에지는 입력 연결과 출력 연결의 의미를 모두 포함하고 있기 때문에 입출력 구분 없이 하나의 연결 중심성 값만을 가진다. 따라서 만약 에지의 방향성이 없다면, [그림 8]의 노드는 연결 7개를 가지고 있는 것으로 볼 수 있다.

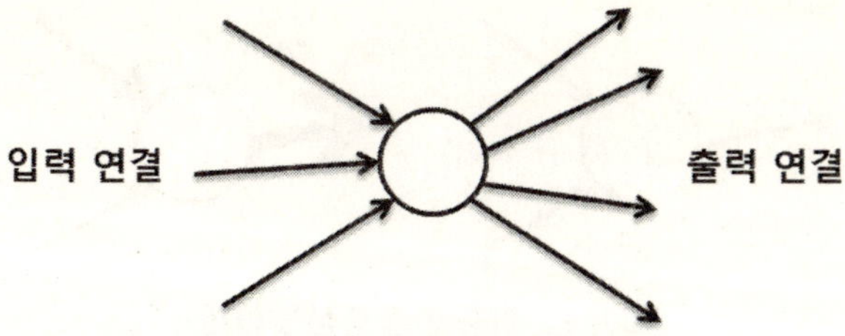

그림 8 입력 연결과 출력 연결

연결 중심성 값이 크면 당연히 그 노드는 네트워크에서 핵심적 역할을 담당하고 있다는 의미가 된다. 예를 들어, 컴퓨터 네트워크에서는 연결 중심성 값이 큰 노드들이 해커들의 공격 대상이 된다. 동일한 노드 하나를 타격한다고 할지라도 연결 중심성이 더 높은 서버를 타격하면, 해당 서버와 연결된 컴퓨터들의 연결이 모두 끊기게 되어 공격의 영향력이 너 커지기 때문이다.

어떤 네트워크에서는 입력 중심성이 높은 노드가 곧 출력 중심성이 높은 노드이기도 하지만, 다른 네트워크에서는 입력 중심성이 높은 노드와 출력 중심성이 높은 노드가 구분되어 있기도 하다. 이는 네트워크를 타고 흘러 다니는 것이 어떤 정보인지, 또는 어떤 물건인지에 따라 영향을 받는다.

한편 변형 지표로 가중(weighted) 연결 중심성이 있다. 이 지표는 에지의 가중치가 있는 네트워크에서 사용되는데, 에지의 개수와 함께 에지의 중요도를 본다. 다시 말해 연결이 많은 노드는 중요하다고 판단하는 기본 개념을 가져가되, 가중치를 통해 중요한 에지와 중요하지 않은 에지를 구분하는 것이다.

그림 9　가중 연결 중심성 예제

[그림 9]는 동일한 네트워크에 존재하는 하나의 노드를 서로 다른 두 개의 그래프로 나타낸 것이다. 앞의 그림은 가중치가 없고, 뒤의 그림은 가중치가 있다. 만약 일반 연결 중심성을 계산한다면 이 노드는 입력(2)이 출력(1)보다 많은 노드이다. 그러나 실제로 노드에 들어오고 나간 물량을 기준으로 가중 연결 중심성을 계산하게 되면 출력(4)이 입력(3)보다 더 많은 노드라는 것을 알 수 있다. 이와 같이 에지가 나타내는 정보의 양이나 물량이 다를 때에는 가중 연결 중심성을 사용해야 정확하게 노드의 중요성을 파악할 수 있게 된다.

1.3.2　매개 중심성

매개 중심성(betweenness centrality)은 네트워크에서 어떤 노드가 다른 노드들을 얼마나 잘 연결시켜 주는 위치에 있는가를 나타낸다. 즉, 어떤 노드에 대하여 그 노드를 통해 연결되는 노드들의 수를 반영한다. 따라서 큰 군집들을 연결해주는 노드라면 매개 중심성 값이 크다.

매개 중심성 값이 큰 노드가 사라질 경우 군집 간의 연결이 사라지는 결과를 초래하여 군집 간의 교류를 끊어버리는 일이 발생할 수 있다. 즉, 매개 중심성 값이 큰 노드는 네트워크에서 중요한 위치를 차지하고 있다고 볼 수 있다. 매개 중심성은 다음 수식을 통해 계산할 수 있다.

$$C_B(v) = \sum_{s \neq v \neq t} \frac{\sigma_{st}(v)}{\sigma_{st}}$$

그림 10 매개 중심성 계산 공식

매개 중심성 값을 구하고자 하는 노드를 v라고 하면, v의 매개 중심성은 $C_B(v)$로 표기할 수 있다. 위 수식에서 σ_{st}는 노드 s로부터 노드 t까지의 최단경로의 총개수를 의미하고 $\sigma_{st}(v)$는 최단경로 중에서 노드 v를 지나는 경로의 수를 의미한다. 서로 다른 두 노드, s, t에 v가 아닌 노드들을 차례로 대입시켜가며 계산한 뒤 모두 더하면 매개 중심성 값을 구할 수 있다. 간단한 예제를 통해 매개 중심성의 의미를 확실하게 이해하고, 실제로 값을 계산해보자.

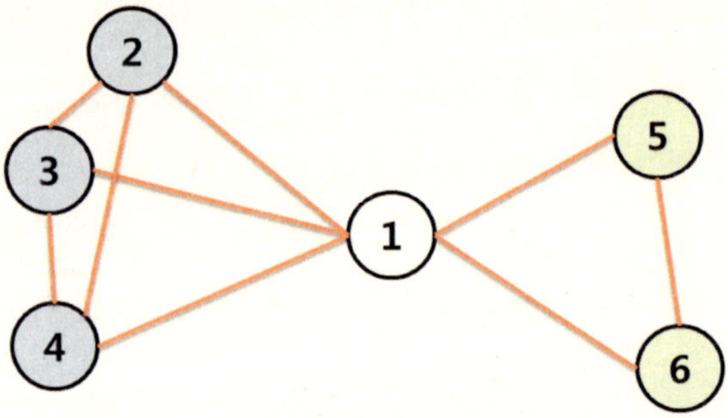

상황: 철수는 어느 날 대학교 친구들 2명과 함께 길을 가던 도중, 건너편에서 오고 있던 고등학교 친구들 3명을 만났다. 두 그룹의 친구들을 서로 소개시켜주기로 마음먹은 철수는 가운데에 서서 양쪽의 친구들을 차례로 인사시켜 주었다.

그림 11 매개 중심성 예제

[그림 11]은 철수와 친구들 간의 관계를 표현한 네트워크 그래프로, 각각의 노드가 사람을 나타내며, 에지는 친구관계를 나타낸다. 흰 노드가 철수이며, 파란색 노드들은 철수의 고등학교 친구들이고 초록색 노드들은 철수의 대학교 친구들이다. 친구들은 각각 동일한 특징(같은 고등학교 또는 대학교)을 공유하는 집단이기 때문에 특징에 따라 동일한 색으로 표시하였다. 이때 그림에서 철수를 나타내는 흰 노드의 매개 중심성 값은 다른 노드들에 비해 매우 클 것이라고 예상할 수 있다. 즉, 만약 철수가 없었다면 두 그룹은 서로 알게 될 일이 없었으므로, 이 네트워크에서 철수의 존재가 중요하다는 것을 알 수 있다는 것이 매개 중심성의 관점이다.

이제 실제로 흰 노드의 매개 중심성 값을 계산해보도록 한다. 먼저, 이 네트워크에는 관심 대상인 흰 노드를 제외한 5개의 노드가 있다. 따라서 위 공식에서 *s*와 *t*에 들어갈 수 있는 노드 쌍의 조합은 5 × 4 = 20개이다. 그런데 방향성이 없으므로 *s*와 *t*의 순서가 바뀌어도 상관이 없기 때문에 가능한 노드 쌍의 조합은 10개가 된다. ([표 1])

표 1 흰 노드를 제외한 모든 s-t 쌍 조합

조합 번호	*s*	*t*
1	2	3
2	2	4
3	2	5
…	…	…
10	5	6

그림에서 보면, 파란색 노드들 간의 최단 연결은 길이가 1인 연결들이다. 다시 말해, 철수의 고등학교 친구들은 철수를 거칠 필요 없이 서로 한 단계로 직접적으로 연결된다. 따라서 *s*와 *t*의 조합이 {2, 3, 4} 내에서 구성된 경우 최단거리 경로의 수 $\sigma_{st} = 1$이고, 철수를 지나는 경로의 수 $\sigma_{st}(1) = 0$이라는 것을 알 수 있다. 대학교 친구들 즉, 초록색 노드들 간의 조합도 마찬가지 결과를 가져온다. 따라서 $\sigma_{st}(1)/\sigma_{st}$가 값을 가질 수 있는 경우는 *s*와 *t*가 파란색 노드와 초록색 노드의 조합일

경우이다. 예를 들어, 파란색 2번 노드와 초록색 5번 노드 간 최단거리 경로의 수는 길이 2인 경로 '2-1-5' 뿐이므로 $\sigma_{st} = 1$ 이고, 그 경로가 1번 노드를 지나는 경로이므로 $\sigma_{st}(1)$의 값 역시 1이다. 이렇게 분수 값이 1이 나오는 경우는 6개 경우이다.

따라서 철수 즉, 1번 노드의 매개 중심성 값은 6이다. 즉, 철수가 없다면 6개의 직·간접적 연결경로가 사라지게 된다는 의미이므로 철수는 이 네트워크의 연결에 중요한 존재라는 것을 알 수 있다. 다른 노드들의 매개 중심성 값을 계산해보면 모두 0으로, 사라지더라도 해당 노드가 가진 직접적인 연결들만 끊기게 될 뿐 다른 노드의 연결에 영향을 주지 않는다.

1.3.3 인접 중심성

인접 중심성(Closeness centrality)은 어떤 노드에서 다른 모든 노드로 순차적으로 정보나 재화를 전달시킬 때 얼마나 오랜 시간이 걸리는지를 나타내는 지표이다. 즉, 얼마나 네트워크의 다른 노드들과 가까이 있는가를 나타낸다. 그래프에서 두 노드 간의 '거리(distance)'는 두 노드 간의 여러 경로 중 최단 경로의 길이로 정의한다. 어떤 노드가 네트워크의 다른 노드들과의 거리가 짧다면 접근성과 전달성이 좋다는 의미이므로 인접 중심성 역시 노드의 중요성을 판단하는 척도가 된다.

인접 중심성을 구하려면 어떤 노드에서 다른 모든 노드까지의 거리를 구해 합한 뒤 역수를 취하면 된다. 수식으로는 다음과 같이 나타낸다.

$$C_C(v) = \frac{1}{\sum_{i \neq v} d(v, i)}$$

그림 12 인접 중심성 계산 공식

인접 중심성을 구하고자 하는 노드를 v라고 하면, 위 수식에서 $d(v, i)$는 해당 노드 v로부터 임의의 노드 i까지의 거리를 의미한다. 노드 i에 v가 아닌 다른 노드들을 대입시켜가며 $d(v, i)$를 구하고 모두 더하면 분모가 된다. 거리의 합에 역수를 취하여 계산하기 때문에 다른 지표처럼 값이 클수록 노드 v가 중요하다는 의미가 된다.

역시 예를 통해 인접 중심성에 대해 이해하고 인접 중심성 값을 계산해 보자.

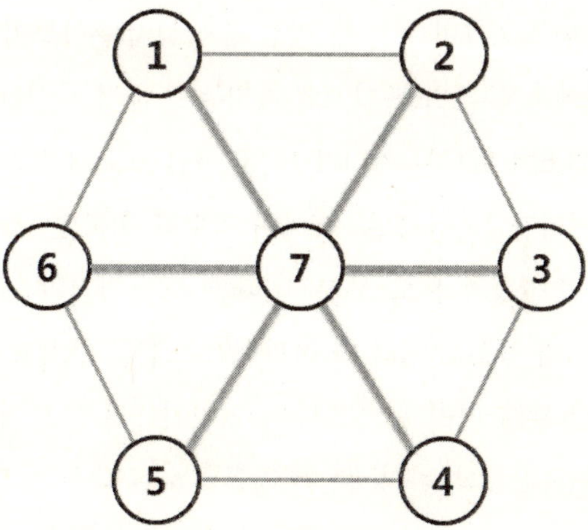

그림 13 인접 중심성 예제

[그림 13]은 거미줄을 단순화하여 네트워크 그래프로 표현한 것이다. 네트워크의 노드들은 거미줄이 만나는 포인트들이다. 이때 거미의 먹이는 노드에만 걸린다고 가정한다. 즉, 에지에 걸리는 일은 없다. 먹잇감이 걸리면 거미는 그 흔들림 정보를 감지하고 해당 노드로 이동한다. 이때 거미가 거미줄의 중심에서 기다리는 이유는 이와 같은 거미줄 형태의 네트워크에서 인접 중심성 값이 가장 큰 노드가 중심에 있는 노드이기 때문이라고 설명할 수 있다. 즉, 어디에 걸리던지 가장 빠르게 정보를 전달받고 움직일 수 있는 위치이기 때문이다.

값을 계산하여 실제로 이것을 증명해 보자. 거미가 중심에 위치해 있을 경우 즉, 7번 노드의 인접 중심성 값을 계산하고 거미가 변방에 있을 경우 즉, 1번 노드의 인접 중심성 값을 계산하여 비교한다. '거리'는 '최단경로의 길이'라고 했으므로 7번 노드에서 다른 모든 노드까지의 거리는 1인 것을 알 수 있다. 따라서 7번 노드의 인접 중심성 값은 1/6이다. 한편 1번 노드에서 다른 노드까지의 거리는 조금씩 차이가 있다. 2번 노드와 6번 노드는 거리가 1이고, 3번 노드, 4번 노드, 5번 노드는 거리가 2이다. 모두 더하여 역수를 취하면 1/8이 된다.

인접 중심성의 분모 부분인 '다른 노드까지의 거리의 총합'도 의미가 있고 오히려 더 직관적인 느낌을 주기도 한다. 이 값은 작을수록 거리가 가깝다는 의미이므로 노드가 중요한 위치에 있음을 시사한다. 좀 더 정확하게는 '다른 노드까지의 거리의 평균'을 인접 중심성 지표로 사용하는 경우도 있다. 인접 중심성 지표는 몇 가지가 있는데, 계산상의 차이가 있을 뿐 의미는 유사하다. 이처럼 인접 중심성을 나타내는 몇 가지 다른 지표들이 있는데, 이 책에서는 상세하게 다루지 않는다.

1.3.4 페이지랭크

현재 세계에서 가장 많이 사용되는 검색엔진은 1998년 대학생이었던 세르게이 브린(Sergey Brin)과 래리 페이지(Lawrence Page)가 만든 구글(Google)이다. 구글은 정확하고 신뢰성 있는 검색 능력을 바탕으로 성장하였으며, 이제는 단순한 검색엔진에서 벗어나 다양한 사업에 손을 대고 있는 세계적으로 유명한 기업이 되었다.

구글의 검색엔진

구글이 세계적인 기업이자 미래 기술의 선도자가 될 수 있었던 것은 검색엔진의 성능 덕분이었다. 광고나 다른 링크 정보는 과감히 빼고 검색 기능만을 강조한 웹 페이지에서 제공하는 검색의 성능은 기존에 있었거나 여타 엔진에 비해 상대적으로 뛰어나 기존의 검색 엔진들을 압도하게 되었다.

그림 14 구글의 로고

검색엔진은 사용자가 원할 법한 정보를 상단에 띄워주는 것이 목표이기 때문에, 사용자가 정보를 몇 개 열어보지 않고도 자신이 원하는 정보를 찾을 수 있는가 하는 것이 성능을 구분하는 포인트다. 구글은 어떻게 다른 검색엔진보다 더 나은 검색 결과를 보여줄 수 있었는가? 그 이면에는 페이지랭크(PageRank)라는 알고리즘이 있었다. 페이지랭크 알고리즘은 웹 페이지의 중요도를 정확하게 측정하기 위해 구글의 창립자들이 고안하였다. 접속빈도가 잦고 연관성이 높은 링크를 중요하게 평가할 뿐 아니라, 신뢰성에도 가산점을 부여한다. 특정 링크의 클릭 수나 특정 링크가 얼마나 많이 링크되었는지를 기록해 '연관성' 점수를 부여한다. 이렇듯 웹 페이지 별로 계산되는 정량화된 값을 창립자 페이지의 이름을 따서 페이지랭크라고 했다.[9]

페이지랭크 알고리즘

웹은 대표적인 네트워크로 페이지랭크 알고리즘은 네트워크 중심성을 계산하는 알고리즘 중 하나라고 볼 수 있다. 웹에서는 페이지를 노드로, 링크를 에지로 본다. 기존 검색엔진에서는 단순히 해당 웹 페이지로 들어오는 링크의 수를 카운트하는 방식을 사용하여 웹 페이지의 중요도를 파악했다. 즉 연결 중심성을 활용한 것이다. 그러나 연결 중심성만으로는 웹 페이지의 중요도를 파악하는 데 한계가 있었다. 링크의 수뿐만 아니라 질도 고려해야 했다. 즉, 어떤 페이지로부터 링크가 들어왔는지를 고려하여 똑같은 하나의 링크더라도 서로 다른

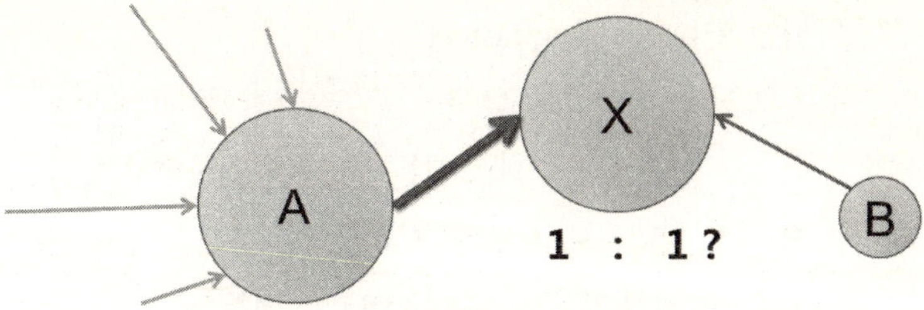

그림 15 페이지랭크 알고리즘의 개념

기여도를 반영해야 더 정확한 중요도를 산출할 수 있는 것이다.

예를 들어 [그림 15]와 같은 상황이 있다고 가정하자. A, B, X 노드는 모두 웹 페이지를 나타낸다. X는 두 곳에서 링크를 받는데, A는 링크가 많은 웹 페이지이고 B는 링크가 하나도 없었다. 그렇다면 A의 링크가 더 중요한 것은 자명하다. 즉, 동일한 하나의 링크로 보는 것은 불합리하다는 것이다. 이것이 페이지랭크 알고리즘의 기본 개념이다.

$$PR(A) = (1-d)/N + d\,(PR(T1)/C(T1) + \ldots + PR(Tn)/C(Tn))$$

그림 16 페이지랭크 계산 방식

웹 페이지의 페이지랭크는 위의 수식과 같이 계산할 수 있다. 각각의 기호는 다음과 같은 의미를 가지고 있다.

- **PR(A)**: 'A'라는 페이지의 페이지랭크 값
- **N**: 모든 페이지의 수

- **d**: 이탈 확률(damping factor)
  - 무작위로 페이지를 탐색하는 '임의 탐색자(random surfer)'를 가정했을 때, 해당 페이지에 만족하지 못하고 다른 페이지로 가는 링크를 클릭할 확률
  - 0과 1 사이의 값이며, 보통 0.85로 설정함
- **C(T)**: 페이지 T가 가지고 있는 링크의 총개수

이해를 돕기 위해 이탈 확률을 극단으로 조정해보자. *d* = 1로 가정했을 경우, 다음과 같이 계산된다.

$$PR(A) = (PR(T1)/C(T1) + \ldots + PR(Tn)/C(Tn))$$

그림 17 페이지랭크 계산 방식 (*d* = 1일 경우)

링크가 많은 페이지라면 링크의 중요도가 감소한다. 즉, 페이지 B에서 페이지 A로 들어오는 링크가 있는데, 페이지 B가 링크를 100개 가지고 있었다면, 실제로 페이지 A로 올 확률이 1/100인 것이나 마찬가지이다. [그림 18]을 참조하라.[10] 이와 같이 페이지랭크는 확률 개념으로 볼 수도 있다. 즉, 페이지랭크 값은 해당 페이지에 방문하게 될 확률이다. 확률이 높다는 것은 많은 사람들이 원하는 정보라는 의미가 되므로 검색 엔진에서 상위에 노출하게 될 것이다.

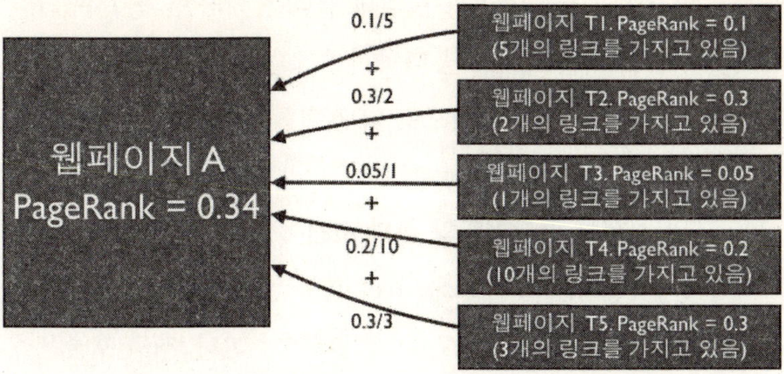

그림 18 이탈할 확률을 100%(d = 1)로 가정했을 경우

한편, $d = 0$으로 가정했을 경우 다음과 같이 계산된다. 즉, 전체 노드의 수에 따라 결정되며, 모든 노드가 동일한 값을 가진다. 네트워크에 아무 링크도 없는 것과 마찬가지의 상황이므로 페이지랭크를 계산하는 의미가 없다.

$$PR(A) = 1/N$$

그림 19 페이지랭크 계산 방식 (d = 0일 경우)

위의 두 경우에서 알 수 있는 것은 이탈 확률 d가 사람들이 웹 페이지들을 탐색하는 모습, 어떤 페이지에 멈추거나 다른 페이지로 이동하는 모습을 반영하는 요인이라는 것이다. 그리고 이탈 확률 d에 관계없이 전체 페이지의 페이지랭크 값의 총합은 1이 된다는 것도 의미 있는 특징이다.

최근에 구글이 제공하는 검색 결과는 이러한 페이지랭크 알고리즘을 기본으로 하되, 다양한 요소들을 추가적으로 고려하여 계산한 점수를 기반으로 더 정확하게 제공하는 것이다.

페이지랭크 알고리즘의 정지 조건

페이지랭크는 재귀(recursive) 호출 알고리즘으로 계산을 정지할 수 있도록 제약조건을 설정하여야 한다. 재귀 호출은 한 프로세스가 이루어지려면 그 전 단계에 동일한 프로세스가 이루어져야 하는 상황에 쓰인다. 페이지랭크 알고리즘에서 페이지 A의 중요도는 페이지 A로 향하는 링크를 가지고 있는 페이지 B의 중요도와 관련이 있는데, 페이지 B 역시 자신에게 링크를 보내는 다른 페이지의 중요도를 고려하여 중요도를 계산한다. 이렇게 모든 노드들이 연결되어 있기 때문에 계산이 연속적으로 반복된다. 이를 끊어주기 위해서 정지 조건이 필요하다. 정지하는 방법으로는 크게 두 가지가 있는데, 계산을 반복하다가 페이지랭크 값이 더 이상 크게 변하지 않는 안정 상태가 되면 정지하는 방법과 반복 횟수를 할당하여 계산이 해당 횟수에 도달하면 멈추게 하는 방법이 있다.

제 2 장

물류 네트워크란?

2.1 물류 네트워크

이 짧은 장에서는 물류 네트워크의 정의와 물류 네트워크가 가지는 특성에 대해 논의한다.

이 책에서는 네트워크 중에서도 물류 네트워크가 관심 대상이다. 물류 네트워크라고 하면 페덱스(FedEx) 같은 물류 회사를 떠올리는 사람도 있을 것이고, 전 세계에 뻗어 있는 항

그림 20　대표적인 물류 회사 페덱스(FedEx)

공망을 떠올리는 사람도 있을 것이다. 공급사슬관리(SCM, Supply Chain Management)를 생각하는 사람도 있을지 모른다. 여기에서 언급된 모든 개념은 물류 네트워크와 어느 정도 연관이 있으므로, 이런 개념들을 떠올렸다면 이미 물류 네트워크가 무엇인지 거의 이해하고 있는 것이다.

물류는 물건의 흐름이라는 뜻으로, 단순히 생산지로부터 수요지로 보내는 것뿐만 아니라 원자재를 생산지로 보내는 것도 물류이다. 물류에 대한 분석은 물건을 필요로 하는 곳으로 운반하는 방법, 운송 비용, 이를 조율하는 시스템 등을 포함하게 된다. 오늘날 전 세계는 물류 네트워크로 엮인 하나의 큰 시장이라고 해도 과언이 아니며, 각 국가 안팎에서 다양한 수단을 통해 물류가 이루어지고 있다.

물류 네트워크 분석의 목적

물류 네트워크에서 추구하는 바는 여러 가지가 있겠지만, 대표적인 목표로는 운송의 효율화를 뽑을 수 있다. 즉, 운송 과정에서 발생하는 비용을 최소화하는 것이다. 이를 위해서는 두 가지 정도의 방법이 사용된다. 첫 번째, 운송 비용은 운송 수단 및 운송 거리에 좌우되므로 최적의 운송 수단과 최단 거리를 찾아 비용을 감소시키는 방법이 있으며, 두 번째, 네트워크의 유지·관리 비용을 줄임으로써 수익을 증가시키는 방법이 있다. 이 책에 실린 예제에서는 후자에 집중할 것이다.

2.2 물류 네트워크의 특성과 표현

물류 네트워크는 수요와 공급이 서로 밀접하게 연관되어 있는 네트워크이다. 따라서 이 두 개념에 대해 생각해보면 물류 네트워크가 어떤 형태의 그래프로 표현되는지 이해할 수 있다. 먼저, 물류는 보내는 곳과 받는 곳이 있으므로 에지에 방향성을 줄 수 있다. 또한 여러 가지 물품을 수송하는 경우 어떤 물건을 수송하느냐에 따라 에지의 종류를 구분할 수도 있을 것이다. 마지막으로, 수송량을 고려한다면 에지에 가중치를 부여하여 나타낼 수 있다.

물품 종류에 따른 네트워크의 특성

물품의 종류에 따라 그래프로 표현했을 때 나타나는 양상이 다르다. 앞에서 네트워크 특성에 따라 입력 연결과 출력 연결이 모두 많은 노드가 있는 네트워크도 있고, 입력 연결이 많은 노드와 출력 연결이 많은 노드가 서로 다른 네트워크도 있다고 했다. 물류 네트워크의 경우는 후자일 가능성이 높지만, 어떤 재화를 옮기느냐에 따라 달라진다. 생필품이나 농수산

물 등은 교외에서 생산하여 도시로 들여오는 일이 많으므로, 이러한 재화를 대상으로 분석하면 도시는 입력 중심성이 큰 노드이다. 반면, 해외 수입품 같은 경우 도시에 위치한 공항을 통해 들여와 지방으로 분배되는 경우가 많으므로 해외 수입품을 대상으로 보면 도시는 출력 중심성이 크다고 할 수 있다.

분석 목표에 따른 가중치 설정 여부

물류 데이터에서는 대부분 가중 연결 중심성을 계산하게 된다. 물류 네트워크에서 에지는 물건을 보내고 받는 것을 의미하기 때문에 물동량을 에지 가중치로 사용하여 계산하는 것이다. 가중 연결성 값을 통해 각 물류 포인트의 물동량을 비교하고, 물류를 원활하게 하기 위한 대책을 세우는 등 의사결정을 하는 데 도움을 줄 수 있다.

그런데 목적에 따라 가중치를 설정하지 않을 수도 있는데, 예를 들어, 새롭게 네트워크를 설계하는 경우나, 재난 발생 시 네트워크의 안정성을 테스트해보기 위한 경우 등에는 가중치를 설정하지 않을 수도 있다.

새롭게 물류 네트워크를 설계하는 경우에는 기존에 저장된 물동량 데이터가 없기 때문에 에지에 반영할 가중치가 마땅치 않은 경우이다. 이런 경우에는 새로 구상한 네트워크가 잘 연결되어 있는지, 효율적으로 운송을 수행할 수 있는지, 어떤 지점에 물류가 몰리게 될 것인지 등을 보는 것에 초점이 맞춰져 있으므로 가중치 없는 그래프를 그려보는 것이 가치가 있다. 분석의 타당성을 높이기 위해서 해당 지역의 생산량 등을 조사하여 에지의 가중치로 사용함으로써 물동량을 대체하기도 한다.

네트워크 안정성을 위한 분석에서도 가중치를 반영하지 않은 중심성을 볼 때가 있다. 단순 연결 중심성을 통해 어떤 지점이 상대적으로 많은 연결을 가지는지 파악할 수 있으므로, 연결이 적은 지점의 안정성을 보완한다거나 연결이 많은 지점의 안정성을 강화하는 의사결정을 내릴 수 있다.

2.3

물류 네트워크 예제 데이터 소개

이 절에서는 다음 장에서 분석하게 될 데이터를 소개한다. 데이터를 미리 소개하는 이유는 일반적인 물류 네트워크의 데이터가 이와 유사한 형식으로 저장되어 있거나, 이러한 형식으로 뽑아내어 구성할 수 있기 때문이다. [표 2]는 국내 철도 물류 네트워크의 데이터 중 일부를 나타낸 것으로 3년간 기록된 총 5417건의 트랜잭션으로 구성되어 있다. 각각의 행이 하나의 트랜잭션이다.

철도는 수송해야 할 물량이 상대적으로 큰 경우 사용되는 운송 방법으로 국내 철도 네트워크는 수백 개의 역들이 철로를 통해 연결된 형태이다. 광산으로부터 채취한 원재료를 운반하거나 배를 통해 들여온 화물을 내륙으로 수송할 때 사용한다.

표 2 예제 데이터

일자	도착역	발송역	품목	발송화차수	운임톤수	송화인코드
20100101	A	B	oil	4	187	252
20100101	C	D	coal	1	12	**305**
20100101	C	D	coal	13	312	**58**
20100101	E	F	oil	24	552	10
20100101	G	H	paper	20	1000	105
20100101	I	J	paper	5	120	158
20100101	K	L	coal	14	616	11
20100101	M	N	coal	1	12	186
20100101	M	N	oil	10	240	113

[표 2]에서 제시된 것과 같이 트랜잭션은 일반적인 물류 데이터의 형태이다. 하나의 트랜잭션은 ID, 출발지와 도착지, 물량, 품목, 보내는 주체와 받는 주체 등 다양한 정보를 포함하고 있는데, 이 데이터에는 각 트랜잭션에 대해 '도착역'과 '발송역', '품목'과 수송이 이루어진 '일자'가 기록되어 있다. '발송화차수'와 '운임톤수'를 통해 실제로 운송량을 나타내고 있고, '송화인코드'를 통해 물품의 운송을 맡기는 사람이나 회사를 구분하고 있다. 표에서 두 번째 행과 세 번째 행처럼 도착역-발송역-품목이 같더라도 송화인코드를 통해 서로 다른 주체와 관련된 트랜잭션임을 파악할 수 있다.

제 3 장

예제 데이터 분석 설계

3.1 분석 목표

이 장에서는 위에서 제시된 데이터를 대상으로 수행할 네트워크 분석의 시나리오를 설명하고, 분석 방향과 단계를 설정한다.

시나리오: 철도 네트워크의 운영 효율화

K는 철도 네트워크의 물류 의사결정 담당자이다. 최근 철도 물류의 사용량이 감소하며 수익이 줄어들게 되자, K는 화물역들의 기능조정 계획을 수립하여 문제를 해결하려고 한다. 기능조정은 화물역을 기준에 따라 분류하여 폐지역 또는 유지역으로 나누는 것으로, K는 상대적으로 중요하지 않은 역들을 폐지하여 철도 물류의 효율화를 이루고자 한다. 먼저 각 화물역의 중요도를 점수화한 뒤, 이 점수를 기준으로 하위 25%에 해당하는 화물역들을 폐지하기로 결정하였다.

분석 대상 및 데이터

철도 네트워크에서 석탄을 취급하는 36개역을 대상으로 한다. 이 예제에서 다루는 화물역들은 모두 2011년 기준으로 지정·운영 중에 있는 134개 화물역이 포함되어 있다. 제공하는 데이터는 석탄 품목에 대하여 각각 에지 리스트, 가중 에지 리스트 그리고 노드 리스트 3개의 파일로 구성되어 있으며, 분석 도구에 바로 입력할 수 있도록 CSV 형식이다. 석탄의 데이터는 coal_edge.csv, coal_edge_weighted.csv, coal_node.csv이다.

분석 도구 Gephi와 R

다양한 네트워크 분석 도구들이 있으며 각 도구는 주요 분석기능의 차이가 있기 때문에 사용자의 의도에 맞는 도구를 선정하여 사용하여야 한다. 이하 예제에서는 사용하기에 간편하고 시각적으로 보기 좋은 그래프를 그려주는 Gephi와, 각종 패키지가 탑재되어 다양한 분석 및 편집 기능을 갖추고 있는 R을 사용하기로 한다. R에서는 네트워크 분석을 위해 고안된 패키지인 sna를 사용한다.

분석 방법

데이터를 Gephi와 R에 입력하고 각 화물역의 연결 중심성 또는 변형 페이지랭크를 계산한다. 계산 결과를 바탕으로 네트워크의 상황을 설명할 수 있는 그래프를 그린다. 중심성 값에 따라 화물역들을 내림차순으로 정렬하고, 폐지할 하위 25%의 역들을 찾는다.

3.2 단계별 절차

아래 제시되어 있는 단계별 절차들은 본 예제뿐 아니라 어떤 네트워크에도 일반적으로 적용할 수 있는 분석 절차라고 보아도 무방하다. 전체적인 절차는 크게 4단계로 구분할 수 있으며, 각 단계의 프로세스에 대한 도식이 [그림 21]에 나타나 있다.

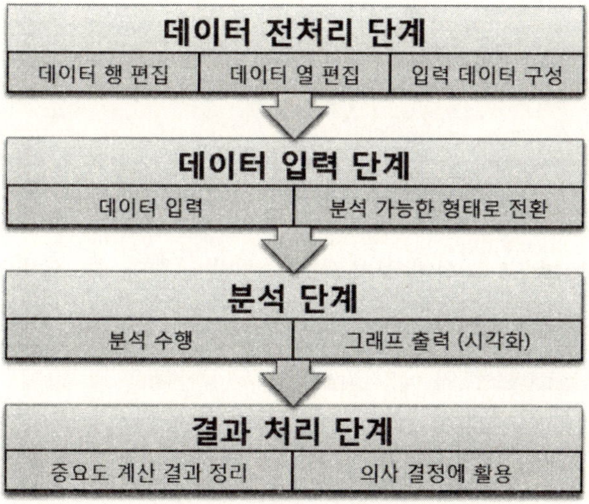

그림 21　단계별 분석 절차

1. 데이터 전처리 단계

비단 네트워크 분석뿐만 아니라 어떠한 분석에서라도 '원 데이터(raw data)'를 바로 분석 도구에 입력할 수는 없으며, 사용하려는 목적과 범위에 맞게 적절하게 편집하는 단계가 필요하다. 이것을 전처리 단계라고 한다. 많은 문제들이 실제 분석 단계보다 전처리 단계에 더 많은 시간을 필요로 한다.

물류 데이터의 기본 형태인 트랜잭션 리스트에서 모든 행과 열이 필요한 것은 아니기 때문에 네트워크에서 필요한 요소만을 추출하여 데이터로 만들어야 한다. 전처리 작업은 크게 행 편집과 열 편집으로 나누어지는데, 분석 범위를 정하는 것은 행 편집에 해당하고, 분석에 필요하지 않은 데이터를 제외하는 것은 열 편집에 해당한다. 전처리 작업의 최종 결과는 노드 리스트와 에지 리스트이다. 세부적으로는 아래와 같은 단계로 구성된다.

1) 원하는 데이터 범위에 맞게 트랜잭션을 편집한다. 즉, 필요 없는 행을 제거한다.
2) 네트워크 분석에 사용되는 속성만 남긴다. 즉, 필요 없는 열을 제거한다.
3) 노드 리스트와 에지 리스트를 구성한다.

2. 데이터 입력 단계

편집된 에지 리스트와 노드 리스트를 분석 도구에 입력하게 되는데, 분석 도구의 종류에 따라 입력 방법에 차이가 있다. Gephi에서는 두 데이터를 각각 입력할 수도 있고, 에지 리스트만 입력하여 노드 리스트를 자동적으로 생성할 수도 있다. R에서는 두 리스트를 각각 입력하여 사용하는 것이 편리하다.

1) 데이터를 입력(import)한다.

2) 데이터를 분석 도구 내에서 사용 가능한 형태로 전환한다.

3. 분석 단계

분석 단계에서는 각종 네트워크 지표를 계산하거나 노드들을 군집화하는 등 분석 기능을 활용해 원하는 결과를 출력하고, 네트워크를 시각적으로 표현한 그래프를 그려 결과를 시각적으로 파악하기 쉽도록 만든다. 이 예제에서는 네트워크 중심성 지표를 계산한다.

1) 적절한 분석 방법을 선택하여 수행한다.

2) 분석 결과를 설명하는 그래프를 그린다.

4. 결과 처리 단계

그래프는 어디까지나 네트워크의 상태를 시각적으로 보여주는 것에 불과하므로, 분석을 통해 계산된 값을 표(table)와 도표(chart) 등을 이용해 정리하여 함께 제시하여야 한다. 표에서는 정렬 기능을 통해 각 노드의 중심성 값을 비교함으로써 의사 결정에 활용한다.

1) 계산 결과를 표와 도표 등으로 정리한다.
2) 그래프와 계산 결과를 함께 제시하고, 이를 이용해 의사 결정을 수행한다.

제 4 장

물류 네트워크 분석 실습

4.1 분석을 위한 준비사항

이 장에서는 실제로 네트워크 분석을 진행하면서 네트워크 중심성 지표들의 의미를 이해하고, 그래프 분석 도구를 활용하는 방법을 익힌다.

데이터를 분석하려면 먼저 분석 목적과 범위에 맞는 전처리 작업이 필요하며, 분석 도구들을 설치하여야 한다. 전처리 작업은 분석도구에 상관없이 동일하므로, 이 절에서 미리 다루기로 한다. 이미 전처리를 마친 데이터가 제공된다.

예제 데이터 전처리: 행 편집

물류 데이터에서 주로 수행하는 행 편집의 기준으로 '시간'이 있다. 물류에 막 발을 들인 회사가 아니라면 다년간의 트랜잭션 데이터가 쌓여있기 마련이므로, 분석하기 원하는 기간에 해당하는 데이터만 추출하여야 한다. 예를 들어, 이 예제에서 사용하는 데이터의 경우 3년간 트랜잭션들을 모두 합한 것인데, 만약 연도별로 변화하는 화물역의 중요도를 보고 싶다면 연 단위의 트랜잭션 데이터 3개로 나누고 각각을 분석하여 그래프로 나타내면 된다.

'품목'도 행 편집의 기준으로 사용된다. 여러 품목을 취급하는 물류 회사의 경우, 각 품목별로 서로 다른 네트워크를 가지고 있을 수 있다. 모든 품목의 트랜잭션을 분석할 수도 있지만 품목별로 분석하는 것이 개별 네트워크에 대해 의사결정하기에 유용하다. 예를 들어, 이 예제에서는 철도 물류를 통해 운반되는 10가지 분류의 품목들 중 석탄, 철강과 관련된 트랜잭션들의 네트워크를 분석하고자 하므로, 데이터를 편집하여 두 품목의 트랜잭션 데이터만 남겨놓은 상태로 노드 리스트와 에지 리스트를 생성하였다.

예제 데이터 전처리: 열 편집

물류 네트워크를 그래프로 표현하고자 할 때 필요한 최소한의 정보는 출발지, 도착지이고, 더 필요한 정보가 있다면 가중치로 사용할 수송량 정도이다. 따라서 필요하지 않은 열을 제거하는 열 편집을 수행한다. 행 편집을 위해 사용된, 시간을 나타내는 열과 품목을 나타내는 열이 대표적으로 제외된다. 이 예제 데이터에서는 송화인코드 열도 제거한다.

한편 하루에 몇 차례에 걸쳐 보낸 경우 동일한 정보를 가진 행이 여러 개가 존재하게 된다. Gephi에서는 이런 경우 가장 하단의 기록만이 남게 되어 다른 데이터를 덮어 씌우게 된다. 따라서 적절한 편집을 통해 유일하게 만들어주어야 한다.

원 데이터

출발역	도착역	화물량
A	B	43
A	B	52
C	D	138
C	D	120
C	D	192

편집 후 데이터

출발역	도착역	화물량
A	B	95
C	D	450

그림 22 데이터 열 편집

[그림 22]에서 볼 수 있듯, 데이터를 출발역, 도착역, 품목이 중복되는 거래 기준으로 물동량을 합하여 편집하였다.

독자들에게 제공되는 데이터는 원 데이터를 전처리하여 만든 세 개의 CSV 파일이다. 각각 석탄을 취급하는 역들의 ID를 모아둔 노드 리스트인 coal_node.csv, 트랜잭션을 편집하여 만든 에지 리스트인 coal_edge.csv, 가중치로 활용할 화물량을 나타내는 열이 포함되어 있는 에지 리스트인 coal_edge_weigted.csv이다. Gephi에서는 coal_edge_weighted.csv만을 사용하고, R에서는 모든 파일을 사용한다.

분석 도구 설치: 네트워크 시각화 도구 Gephi

Gephi는 오픈 소스 그래프 생성 및 시각화 소프트웨어이다. 데이터를 입력하면 그래프를 자동적으로 표현해주며, 중심성 지표를 계산하거나 군집화 등을 수행한 뒤, 노드와 에지의 크기와 색을 조절함으로써 분석 결과를 시각적으로 돋보이게 할 수 있다. 홈페이지(http://www.gephi.org)에서 다운로드 가능하며, 제공하는 사용자 매뉴얼을 통해 쉽게 익힐 수 있다.[11]

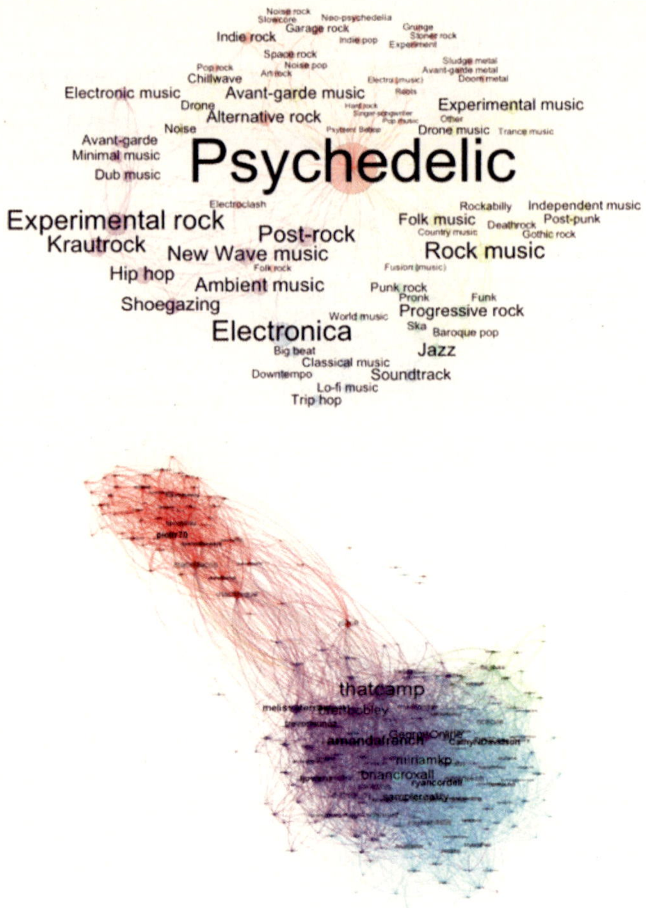

그림 23 **Gephi를 사용하여 표현한 네트워크 그래프**

분석 도구 설치: 통계 분석 도구 R

R은 종합 통계 분석도구로 1995년 뉴질랜드의 오클랜드 대학교(University of Auckland)에서 Ross Ihaka와 Robert Gentleman이 개발하였다. 오픈 소스로 무료 사용이 가능하

다. 패키지의 추가가 자유로운 편이어서 여러 연구자들이 개발한 다양한 알고리즘들이 포함되어 있다. 홈페이지(http://www.r-project.org)에서 다운로드 가능하며 관련 정보도 얻을 수 있다.[12]

분석 도구 설치: 통합 개발 환경 RStudio

R을 설치한 다음에는 RStudio를 설치한다. RStudio는 R을 위한 통합개발환경(integrated development environment, IDE)이다. RStudio에서는 입력된 데이터를 볼 수 있기 때문에 편리하고, 패키지를 관리하거나 도움말을 쉽게 볼 수 있다는 장점이 있다. 홈페이지(http://www.rstudio.com)에서 다운로드할 수 있다.[13]

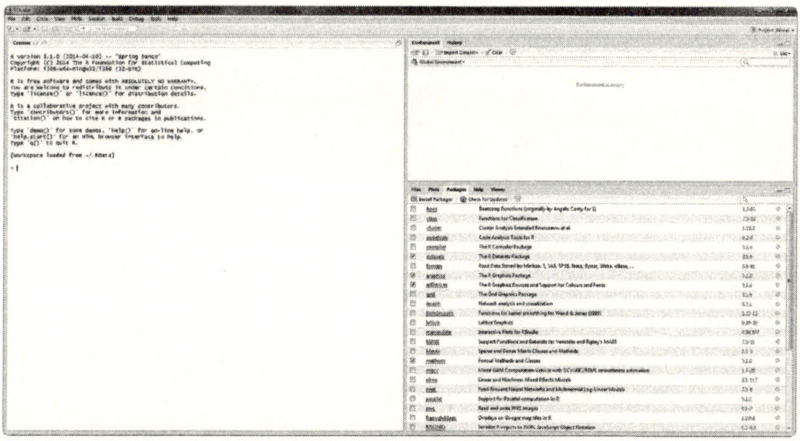

그림 24 RStudio 화면

4.2

Gephi를 이용한 네트워크 분석

데이터 입력 단계

Gephi에서의 데이터 입력은 [그림 25]와 같이 Data Laboratory 탭에서 이루어진다.

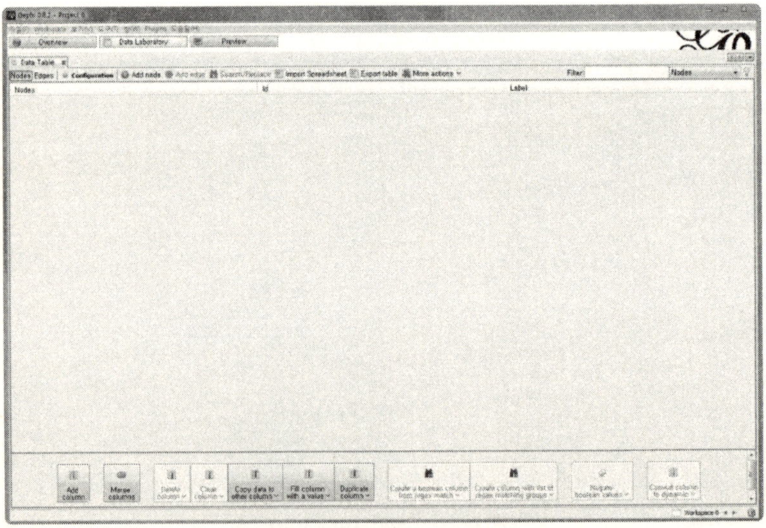

그림 25 Data Laboratory 탭

데이터 입력에는 두 가지 방법이 있는데, 프로그램 상에서 직접 입력할 수도 있고 외부 데이터를 가져와 입력할 수도 있다. 직접 입력의 경우 노드는 ID와 레이블을 설정하면 되고, 에지는 입력된 노드들 중 2개를 선택하면 된다. 이 방법은 간편하긴 하지만, 노드나 에지의 수가 많은 실제 문제에 적용하기에는 적합하지 않다. 따라서 일반적으로 Gephi에서는 노드나 에지 정보가 저장된 CSV 파일을 불러오는 방식으로 데이터를 입력한다. CSV 타입은 범용적으로 사용되는 데이터 타입으로 물류 시스템의 데이터베이스 등에서 쉽게 뽑아낼 수 있다.

데이터를 불러오려면 Data Laboratory 탭에 있는 Import Spreadsheet 버튼을 누른다.

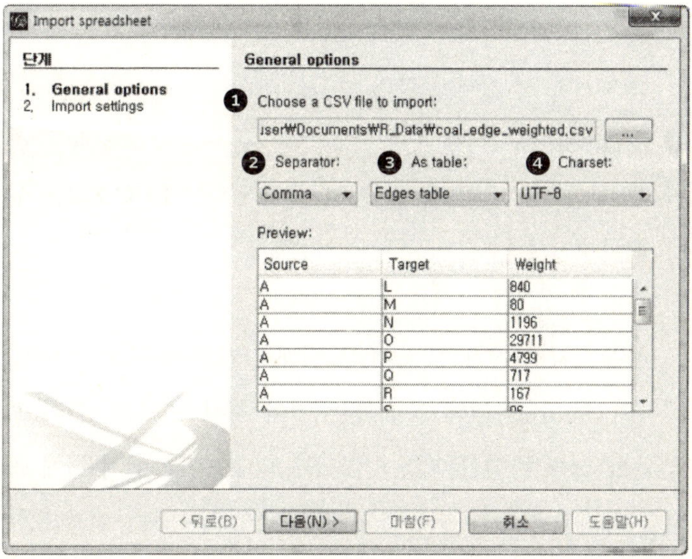

그림 26 데이터 불러오기

[그림 26] 모양의 새로운 창이 뜨는데, 각 옵션에 대한 설명은 아래와 같다.

❶ Choose a CSV file to import: 가져올 파일을 선택한다. 제공한 예제 데이터 중 coal_edge_weighted.csv 파일을 가져온다.
❷ Separator: 데이터 한 줄에서 각 열을 어떤 기호로 구분할 것인지 선택한다. CSV 파일의 경우 쉼표로 구분되어 있으므로 Comma를 선택해 주면 된다.
❸ As table: 가져오는 데이터가 노드 테이블인지 에지 테이블인지 설정해주는 옵션이다. 이 예제에서는 에지 테이블을 선택한다. 에지 테이블로 가져올 때 주의할 점은 가져올 CSV 데이터의 첫 행에 "Source", "Target"이라는 열 이름이 반드시 있어야 한다.
❹ Charset: 데이터를 구성하고 있는 문자의 인코딩과 관련된 옵션으로 만약 데이터에 한글이 있다면 EUC-KR을 선택하여야 한다.

다음으로 넘어가면, 창이 두 번째 단계로 바뀐다. 에지 테이블의 'Source' 열에 들어가는 것이 시작 노드의 ID이고, 'Target' 열에 들어가는 것이 끝 노드의 ID이다. 에지 위에 표시할 단어를 넣을 수 있는 'Label' 열이 있으며, 가중치를 표현하는 'Weight' 열이 있다. 아랫부분에 위치한 Preview 창에서는 데이터가 어떤 형식으로 들어오게 될지 미리 보여준다. 원

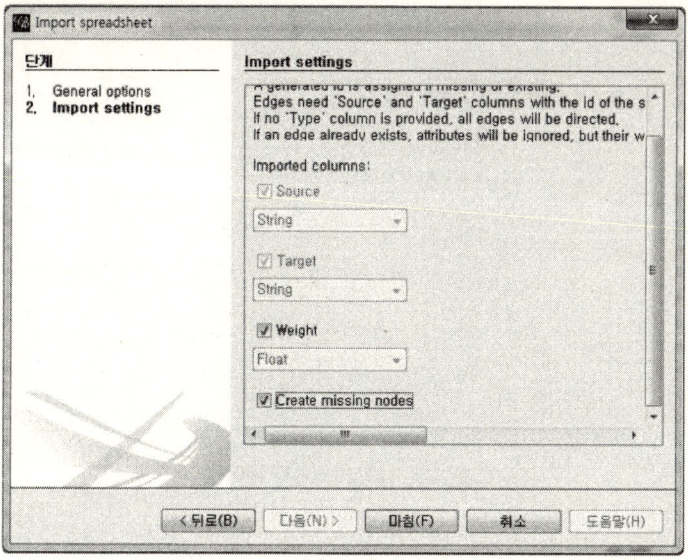

그림 27 데이터 불러오기

하는 대로 데이터 모양이 갖춰졌다면 '다음'을 눌러 넘어간다.

[그림 27]의 창에서 각 열(column)의 데이터 타입을 정해 주고 입력할 열을 선택할 수 있다. 자동적으로 데이터 타입을 지정하기도 한다. 'Create missing nodes' 옵션에 체크하면 에지 테이블의 'Source', 'Target' 열에 있는 정보를 읽어 노드 테이블을 생성해준다.

데이터가 입력되면 Data Laboratory 탭이 [그림 28]과 같이 에지들이 입력된 형태로 바뀌며 노드 테이블이 자동적으로 생성된 것을 확인할 수 있다. 옵션을 통해 생성된 노드 테이블을 보면 각 노드는 'ID' 열을 가지고, 그래프에서 노드 위에 표시할 단어인 'Label' 열이 있다. 처음에는 노드 정보가

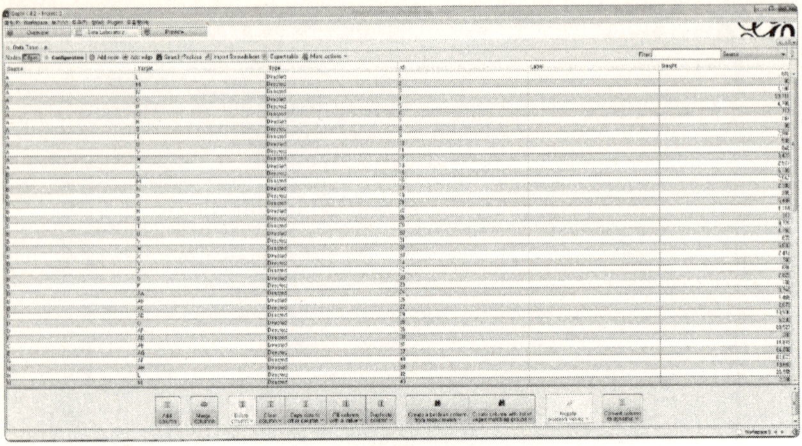

그림 28　생성된 에지 테이블

이 두 열밖에 없으나 나중에 중심성 지표를 계산하면 열이 자동으로 추가된다.

분석 단계

데이터 입력 후 Overview 탭으로 이동하면 [그림 29]와 같이 그래프가 이미 생성된 것을 볼 수 있다.

이제 각종 계산 및 분석을 수행하고 그 계산 결과를 바탕으로 그래프를 수정하는 작업이 이루어져야 한다. 우측의 메뉴에는 중심성 지표를 계산하는 기능, 군집화 기능 등이 나열되어 있다. 가중 연결 중심성은 Weighted Degree 기능에서 계산할 수 있고, 매개 중심성과 인접 중심성은 Network Diameter 기능으로 계산할 수 있다. 이외에도 이심률(eccentricity)이나 페이지랭크 같은 각종 지표를 계산할 수 있다. 이 예제에서는

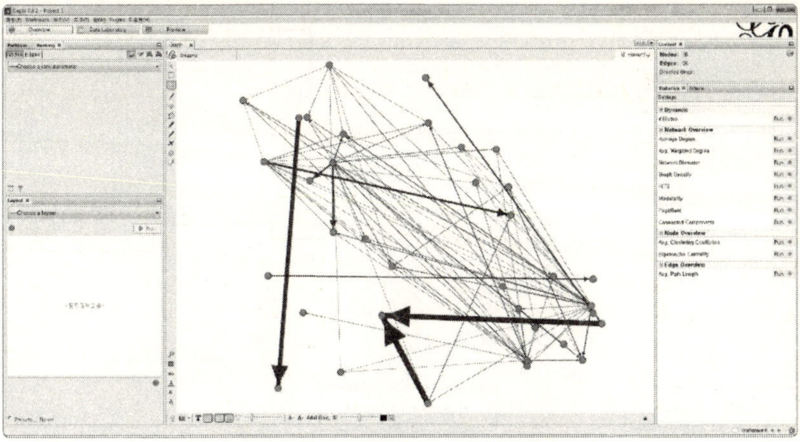

그림 29　기본 화면(Overview 탭)

가중 연결 중심성과 페이지랭크를 계산한다. Run 버튼을 눌러 실행시키면 간단한 보고서를 출력해주며, 계산된 값은 Data Laboratory 탭에 있는 노드 테이블에 자동적으로 추가된다.

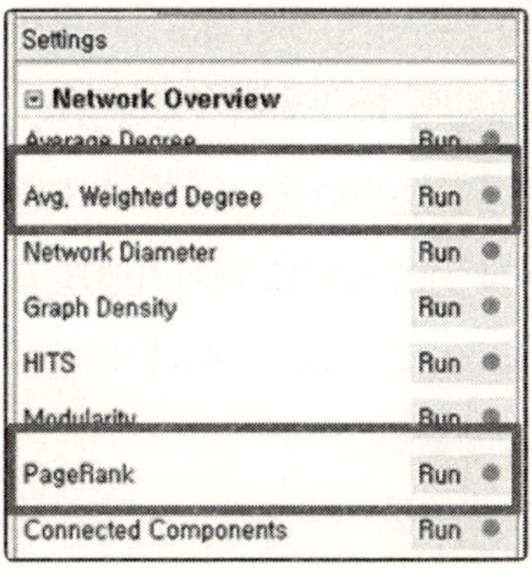

그림 30　연결 중심성과 페이지랭크 계산 버튼

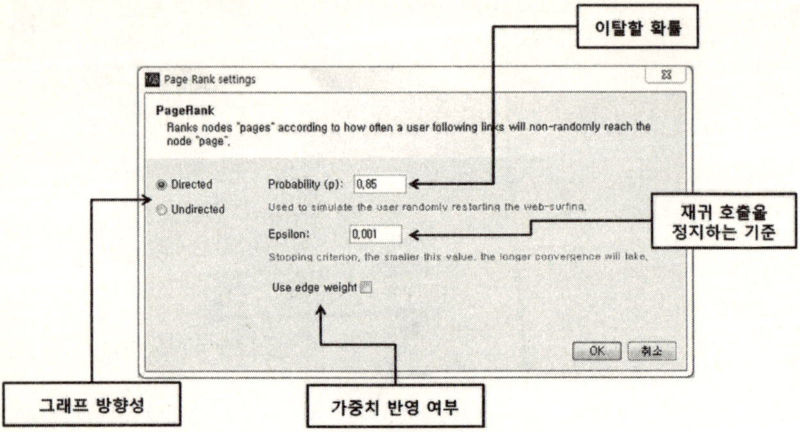

그림 31 페이지랭크 설정 화면

페이지랭크의 경우 위 [그림 31]과 같은 설정 화면이 팝업된다.

방향성의 유무와 가중치 유무는 페이지랭크 값에 영향을 미치는 요인이므로 적절하게 설정해주어야 한다. 이 예제 네트워크의 경우는 방향성이 있고 가중치를 반영한다. 한편 Probability 옵션은 임의 탐색자와 관련된 이탈 확률이며, Epsilon 옵션은 끊임없이 반복되는 재귀 호출을 정지하는 기준으로, 계산을 더 반복하여도 페이지랭크 값이 변하지 않는다고 판단할 기준을 제시하는 것이다. 기존에 설정되어 있는 값으로 두어도 무방하다.

그래프 편집: 노드와 에지의 표현

중심성과 페이지랭크를 계산하면 각 노드에 계산 결과 값이 할당된다. 이제 [그림 32]와 같이 Overview 탭의 왼쪽 상단에 위치한 조절 메뉴를 통해 노드, 에지, 레이블의 크기와 색을 조정할 수 있다. 노드는 계산한 지표의 값이 클수록 커지고 색이 진해지며, 에지는 가중치가 클수록 굵어지고 색이 진해진다. 이 예제에서는 가중 연결 중심성을 사용하여 노드의 색과 크기를 재조정한다.

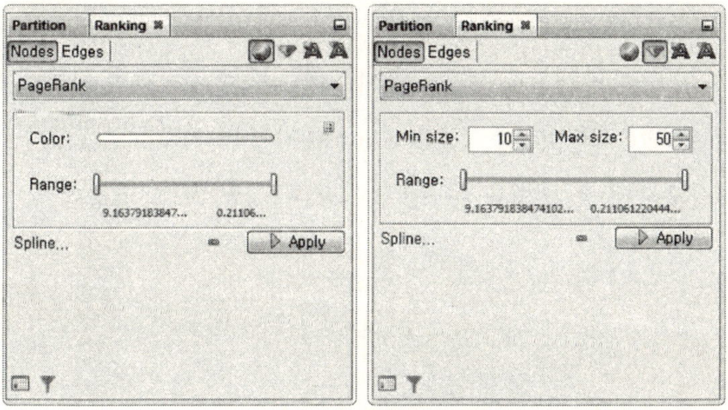

그림 32 조절 메뉴 (노드)

그래프 편집: 레이아웃

그래프에서는 직접 노드를 끌어 움직일 수 있는데, 규모가 작은 네트워크라면 노드를 직접 배치하여 원하는 모양으로 만들 수 있다. 큰 네트워크라면 Overview 탭의 왼쪽 하단에 위치한 레이아웃 메뉴를 사용하여 자동적으로 그래프를 보기 편한 형태로 만들어줄 수 있다. 레이아웃의 종류도 여러 개일 뿐만 아니라, 각 레이아웃에는 여러 개의 설정값이 존재하기 때문에 여러 번 시도를 해보면서 최적의 형태를 찾아나가는 과정이 필요하다.

그래프 편집: 레이블 달기

노드와 에지의 레이블을 출력시키면 그래프만 보고도 어떤 노드가 중요한지 즉시 알 수 있으므로 유용하다. 노드에 레이블을 달기 위해서는 Data Laboratory 탭에 있는 노드 테이블에서 Label 열이 입력되어 있어야 한다. 이 예제에서는 노드의 Label이 ID와 동일하기 때문에 그대로 입력하면 되는데, 하단의 Copy data to other column 기능을 사용하면 간단하게 복사해 붙여 넣을 수 있다. 아래의 [그림 33]을 참조하라.

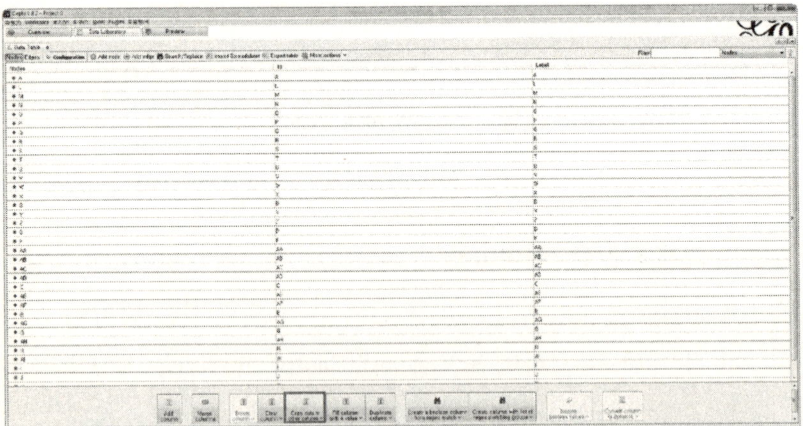

그림 33 레이블 열 채우기

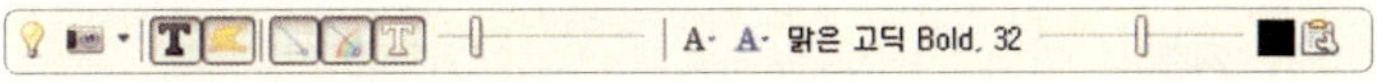

그림 34 하단 메뉴

레이블 열이 채워졌으면 다시 Overview 탭으로 돌아간다. 그래프가 표시된 창의 하단을 보면 [그림 34]와 같은 메뉴가 있다. 노드 레이블을 표시하려면 검은 T 모양 버튼을 누르고, 에지 레이블을 표시하려면 투명한 T 모양 버튼을 누른다. 이때 레이블이 한글이라면 제대로 출력되지 않으므로 폰트 설정에서 한글 폰트로 바꿔주어야 한다. 이외의 그래프 편집 기능들은 어렵지 않고 상대적으로 중요하지 않으니 필요하다면 직접 설정해보면서 익히도록 한다.

지금까지 따라왔다면 다음 [그림 35]와 같이 그래프의 모양이 변형되었을 것이다.

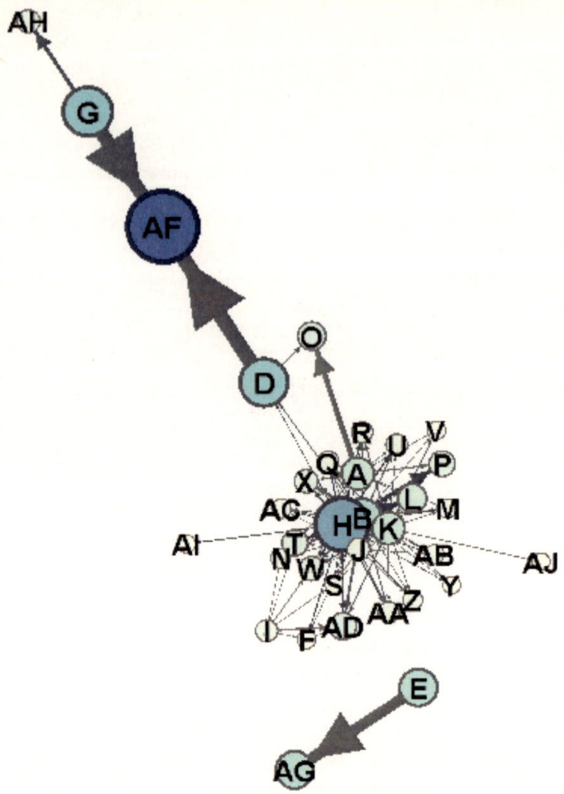

그림 35　편집 후의 그래프 모습

결과 처리 단계

결과 데이터는 Data Laboratory 탭에서 노드 테이블을 띄운 상태로 Export table 기능을 이용하여 외부로 가져나올 수 있다. 이 CSV 파일을 마이크로소프트 엑셀 등을 통해 연 뒤, 정렬 기능을 이용하여 중요도 순으로 화물역들을 나열하고 하위 25%에 해당하는 역들을 폐지역으로 구분해준다. 36개

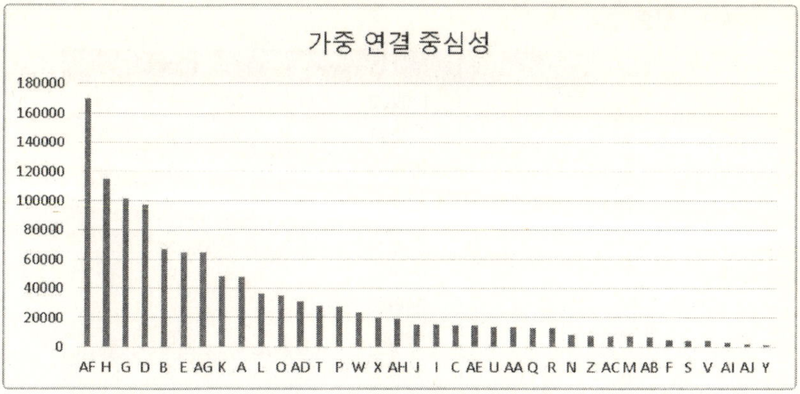

그림 36 가중 연결 중심성 도표

역이 있었으므로, 하위 25%는 중요도 순으로 27위 이하이다.

제시된 [그림 36]은 [표 3]의 최종 결과를 도표로 나타낸 것이다. Z, AC, M, AB, F, S, V, AI, AJ, Y가 폐지역으로 선정된 것을 알 수 있다. 이와 같이 네트워크에서 값을 계산하고 그래프를 표현함과 동시에 결과를 표와 도표로 정리하여 함께 제공함으로써 의사결정에 큰 도움을 줄 수 있다.

표 3 최종 결과

Label	Weigthed Degree	RANK
AF	170200	1
H	114728	2
G	101333	3
D	97265	4
B	67222	5
E	64802	6
AG	64802	7
K	48583	8
A	47952	9
L	36132	10
O	34941	11
AD	31305	12
T	28092	13
P	27568	14
W	23206	15
X	19757	16
AH	19660	17
J	15509	18
I	15239	19
C	14819	20
AE	14819	21
U	13762	22
AA	13292	23
Q	13264	24
R	13212	25
N	8225	26
Z	7625	27
AC	7463	28
M	7206	29
AB	6670	30
F	4884	31
S	4568	32
V	4546	33
AI	2833	34
AJ	1833	35
Y	1175	36

4.3 R을 이용한 네트워크 분석

네트워크 분석용 패키지 sna 설치

sna라는 패키지를 다운로드한다. 이 패키지는 Carter T. Butts 교수가 사회 네트워크 분석(social network analysis)을 위해 개발한 것으로, 2장에서 설명한 중심성 관련 지표들을 모두 계산할 수 있을 뿐만 아니라 그래프를 시각화하는 함수를 제공한다. RStudio에서는 'Packages' 탭의 'Install Packages'를 통해 설치할 수 있다. 클릭하면 [그림 37]과 같은 창이 뜨는데, sna를 입력하고 'Install' 버튼을 누르면 설치된다.[14]

또는 콘솔에 다음과 같이 입력해도 된다.

```
install.packages("sna")
```

설치한 패키지는 라이브러리에 추가하여야 사용할 수 있다. RStudio에서는 간단하게 'Packages' 탭에서 sna 패키지를 찾아 왼쪽에 있는 체크박스를 클릭해주면 되며, 콘솔에서 처

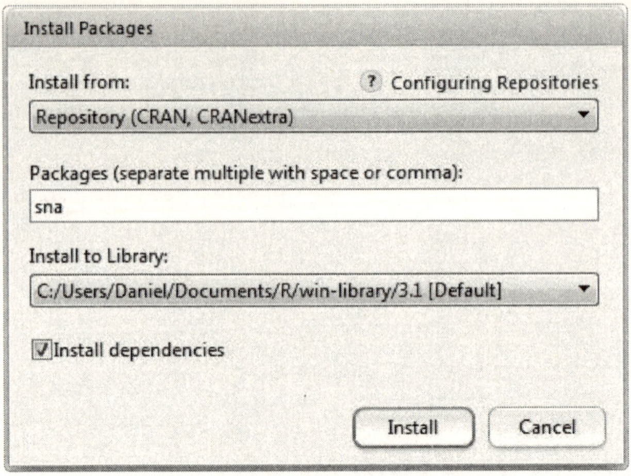

그림 37 sna 패키지 설치

리하려면 다음과 같이 입력하면 된다.

```
library("sna")
```

네트워크 데이터의 형태: 인접 행렬

네트워크를 입력하는 방식에는 두 가지 방법이 있다. 첫 번째는 Gephi에 입력했던 것과 같은 '에지 리스트' 형태로 입력하는 것이고, 두 번째는 '인접 행렬(adjacency matrix)' 형태로 입력하는 것이다. R에서는 그래프를 그리기 위해 인접 행렬 형태의 데이터가 필요하기 때문에 먼저 데이터를 입력한 뒤 인접 행렬로 변환하는 작업이 필요하다.

인접 행렬은 n개의 노드로 구성된 네트워크에서 각 노드

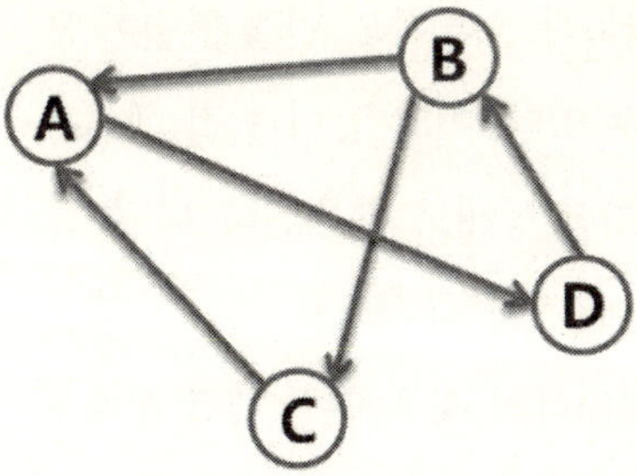

	A	B	C	D
A	0	0	0	1
B	1	0	1	0
C	1	0	0	0
D	0	1	0	0

그림 38　인접 행렬 예시

가 서로 연결되어 있는지 아닌지를 0, 1의 이진수로 표시하여 나타내는 $n \times n$ 크기의 행렬이다. 행렬의 각 성분(element)인 e_{ij}의 값이 1이면 노드 i에서 j로 향하는 에지가 있다는 의미이고, 0이면 두 노드가 서로 연결되지 않았다는 의미이다.

[그림 38]은 간단한 인접 행렬을 보여주고 있다. 인접 행렬에서 알아두어야 할 부분은 다음과 같다.

- **대각 성분**: 어떤 노드가 자신에게로 향하는 에지를 가질 경우 1이 된다. 물류 네트워크에서는 출발지와 도착지가 동일한 경우가 없으므로 인접 행렬의 대각선 요소의 값은 보통 0이지만, 상황에 따라 1로 둘 수도 있다.
- **방향성**: 네트워크의 방향성 여부에 따라 행렬의 모양이 약간 달라진다. 방향성이 없는 그래프는 양방향 그래프로 취급되므로 대칭(symmetric) 행렬이 된다. 즉, 대각 성분을 기준으로 윗부분과 아랫부분이 대칭적인 모양을 띤다. ($e_{ij} = e_{ji}$)

그림에서 왼쪽 그래프의 의미를 오른쪽의 인접 행렬이 모두 포함하고 있다는 것을 알 수 있다. 이와 같이 인접 행렬은 네트워크를 나타내기 위한 데이터 형태로 활용된다. 다만, 노드의 수가 많아질수록 행렬의 크기가 급속도로 커지게 되는 단점이 있고, 물류 트랜잭션 데이터의 경우 인접 행렬 형태로 저장되어 있는 경우가 드물기 때문에 변환하여 사용해야 하는 불편함이 있다.

데이터 입력 단계

먼저 석탄의 에지 리스트와 노드 리스트를 입력한다. 여기에서는 가중치를 고려하지 않을 것이다. CSV 파일을 읽어올 때는 **read.csv**라는 명령어를 사용하여 아래와 같이 콘솔에 입력한다. 지금부터 제시되는 코드 중에서 R의 명령어(또는 함수)와 옵션 등의 예약어는 굵은 글씨로 표시하였다.

```
## 파일이 작업 디렉토리에 있는 경우
edgelist <- read.csv(file="coal_edge.csv",
    ➥header=TRUE, sep=",")
nodelist <- read.csv(file="coal_node.csv",
    ➥header=TRUE, sep=",")
## 파일이 작업 디렉토리에 없는 경우
read.csv(file = "C:\\Users\\User\\Desktop\\SNA\\
    ➥sample.csv")
```

표 4 명령어 read.csv

명령어	옵션	기능	값
read.csv()	file	가져올 파일의 이름을 설정	큰따옴표 사이의 파일명
	header	첫 행을 열 이름인지 설정	TRUE, FALSE
	sep	데이터를 구분하는 문자 (기본) 빈 공간을 구분자로 인식	큰따옴표 사이의 문자, 탭은 "₩t"

`file` 옵션에서 가져올 파일을 지정한다. 파일이 작업 디렉토리에 있는 경우에는 파일명만 입력하면 되고, 작업 디렉토리에 없는 경우에는 파일 주소까지 입력하여야 한다. 파일 주소를 입력할 때 윈도우 환경에서는 '₩' 키를 누르면 '\'를 입력할 수 있으며, 두 개를 입력해야 하나로 인식한다. `header` 옵션은 파일의 가장 첫 행이 열의 이름일 경우에 TRUE로 설정하면 되는데, 이 예제의 파일에서는 데이터가 바로 시작되므로 FALSE로 설정하였다. `sep` 옵션은 데이터를 구분하는 기호로 파일의 형식이 CSV이므로 쉼표를 입력한다.

입력한 데이터는 RStudio의 왼쪽 상단에서 이름을 클릭하거나 콘솔에 데이터 이름을 직접 입력하여 볼 수 있다.

edgelist와 nodelist를 확인해보면 모양은 이미 행렬 형태를 갖추고 있지만 데이터 타입은 행렬이 아닌 상태이다. R에서는 외부 데이터를 불러오면 자동적으로 프레임(frame)이라는 타입으로 저장하기 때문이다. 따라서 `as.matrix` 명령어를 사용하여 행렬로 변환하고 그 결과를 다시 저장한다.

```
## 프레임을 행렬로 변환
edgelist <- as.matrix(edgelist)
nodelist <- as.matrix(nodelist)
```

위 코드를 입력하면 edgelist와 nodelist가 행렬로 변환된 후 동일한 이름으로 저장된다. 만약 기존 프레임 형태의 데이터를 남겨두고 싶다면 새로운 데이터의 이름을 다르게 지정하면 된다.

다음으로 `matrix` 명령어를 통해 인접 행렬을 담을 빈 행렬을 생성해 준다.

```
## 인접 행렬을 생성
adjacency <- matrix(data=0, nrow=36, ncol=36)
```

`data` 옵션은 행렬에 채울 데이터를 의미한다. 인접 행렬을 만들 것이므로 일단 0으로 둔다. 만약 문자를 넣고 싶다면 큰따옴표를 사용하면 된다. `nrow`는 행의 수, `ncol`는 열의 수이다. 이 예제에서 광석을 취급하는 역은 36곳이므로 36으로 행과 열의 수를 설정한다.

표 5 명령어 matrix

명령어	옵션	기능	값
matrix()	data	행렬에 채울 데이터 또는 값	데이터이름, NA, 숫자, 문자
	nrow	행렬의 행 수	숫자
	ncol	행렬의 열 수	숫자

처음에 행렬을 만들면 행과 열의 이름이 없는 상태이다. 따라서 에지 리스트 데이터를 반영하기 위해서 **rownames**와 **colnames**라는 명령어를 사용하여 노드 리스트를 행과 열의 이름으로 지정해줄 필요가 있다.

```
## 인접 행렬의 행과 열 이름 지정
rownames(adjacency) <- nodelist
colnames(adjacency) <- nodelist
```

이제 에지 리스트에 기록된 출발지와 도착지 정보가 해당하는 인접 행렬의 성분으로 들어갈 수 있는 조건이 갖춰진 것이다. 예를 들어, 출발지가 A이고 도착지가 B인 에지가 있었다면, A행 B열의 성분이 1로 바뀔 수 있게 된 것이다.

에지 리스트의 정보를 반영하여 에지가 존재하면 해당 성분의 값을 1로 만들어주는 코드는 아래와 같다. 특별히 사용되는 명령어는 없다.

```
## 에지 리스트를 인접 행렬에 반영
adjacency[edgelist] <- 1
```

인접 행렬 뒤에 대괄호를 사용하는 것에 유의한다.

마지막으로, 인접 행렬이 제대로 생성되었는지 알아보자. 아래 [그림 39]는 콘솔에 데이터 이름을 입력했을 때 출력된 결과이다. 아래와 같은 형태로 출력된다면 제대로 수행한 것이다. 방향성이 있는 그래프이므로 대칭 행렬이 아닌 것을 알 수 있다.

	A	B	C	D	E	F	G	H	I	J	K	L	M	N	O	P	Q	R	S	T	U	V	W	X	Y	Z	AA	AB	AC	AD	AE	AF	AG	AH	AI	AJ
A	0	0	0	0	0	0	0	0	0	0	0	1	1	1	1	1	1	1	1	1	1	1	1	1	0	0	0	0	0	0	0	0	0	0	0	0
B	0	0	0	1	0	1	0	0	0	0	0	1	1	1	0	1	1	1	1	1	1	1	1	1	1	1	1	1	1	1	0	0	0	0	0	0
C	0	0	0	0	0	0	0	0	0	0	0	0	0	0	0	0	0	0	0	0	0	0	0	0	0	0	0	0	0	0	1	0	0	0	0	0
D	0	0	0	0	0	0	0	0	0	0	0	0	0	0	1	0	0	0	0	0	0	0	0	0	0	0	0	0	0	0	0	1	0	0	0	0
E	0	0	0	0	0	0	0	0	0	0	0	0	0	0	0	0	0	0	0	0	0	0	0	0	0	0	0	0	0	0	0	0	1	0	0	0
F	0	0	0	0	0	0	0	0	0	0	0	0	0	0	0	0	0	0	0	0	0	0	0	0	0	0	0	0	0	1	0	0	0	0	0	0
G	0	0	0	0	0	0	0	0	0	0	0	0	0	0	0	0	0	0	0	0	0	0	0	0	0	0	0	0	0	0	0	1	0	1	0	0
H	0	0	0	1	0	1	0	0	0	0	0	1	1	1	0	1	1	1	1	1	1	0	1	1	1	1	1	1	1	1	0	0	0	0	1	0
I	0	0	0	0	0	1	0	0	0	0	0	0	0	1	0	0	0	0	1	1	0	0	1	0	0	0	0	0	0	1	0	0	0	0	0	0
J	0	0	0	0	0	0	0	0	0	0	0	1	0	0	0	0	1	0	1	1	0	0	1	1	0	1	1	1	1	0	0	0	0	0	0	0
K	0	0	0	0	0	0	0	0	0	0	0	1	1	1	0	0	1	1	1	1	1	1	1	1	1	1	1	1	1	1	0	0	0	0	0	1
L	0	0	0	0	0	0	0	0	0	0	0	0	0	0	0	0	0	0	0	0	0	0	0	0	0	0	0	0	0	0	0	0	0	0	0	0
M	0	0	0	0	0	0	0	0	0	0	0	0	0	0	0	0	0	0	0	0	0	0	0	0	0	0	0	0	0	0	0	0	0	0	0	0
N	0	0	0	0	0	0	0	0	0	0	0	0	0	0	0	0	0	0	0	0	0	0	0	0	0	0	0	0	0	0	0	0	0	0	0	0
O	0	0	0	0	0	0	0	0	0	0	0	0	0	0	0	0	0	0	0	0	0	0	0	0	0	0	0	0	0	0	0	0	0	0	0	0
P	0	0	0	0	0	0	0	0	0	0	0	0	0	0	0	0	0	0	0	0	0	0	0	0	0	0	0	0	0	0	0	0	0	0	0	0
Q	0	0	0	0	0	0	0	0	0	0	0	0	0	0	0	0	0	0	0	0	0	0	0	0	0	0	0	0	0	0	0	0	0	0	0	0
R	0	0	0	0	0	0	0	0	0	0	0	0	0	0	0	0	0	0	0	0	0	0	0	0	0	0	0	0	0	0	0	0	0	0	0	0
S	0	0	0	0	0	0	0	0	0	0	0	0	0	0	0	0	0	0	0	0	0	0	0	0	0	0	0	0	0	0	0	0	0	0	0	0
T	0	0	0	0	0	0	0	0	0	0	0	0	0	0	0	0	0	0	0	0	0	0	0	0	0	0	0	0	0	0	0	0	0	0	0	0
U	0	0	0	0	0	0	0	0	0	0	0	0	0	0	0	0	0	0	0	0	0	0	0	0	0	0	0	0	0	0	0	0	0	0	0	0
V	0	0	0	0	0	0	0	0	0	0	0	0	0	0	0	0	0	0	0	0	0	0	0	0	0	0	0	0	0	0	0	0	0	0	0	0
W	0	0	0	0	0	0	0	0	0	0	0	0	0	0	0	0	0	0	0	0	0	0	0	0	0	0	0	0	0	0	0	0	0	0	0	0
X	0	0	0	0	0	0	0	0	0	0	0	0	0	0	0	0	0	0	0	0	0	0	0	0	0	0	0	0	0	0	0	0	0	0	0	0
Y	0	0	0	0	0	0	0	0	0	0	0	0	0	0	0	0	0	0	0	0	0	0	0	0	0	0	0	0	0	0	0	0	0	0	0	0
Z	0	0	0	0	0	0	0	0	0	0	0	0	0	0	0	0	0	0	0	0	0	0	0	0	0	0	0	0	0	0	0	0	0	0	0	0
AA	0	0	0	0	0	0	0	0	0	0	0	0	0	0	0	0	0	0	0	0	0	0	0	0	0	0	0	0	0	0	0	0	0	0	0	0
AB	0	0	0	0	0	0	0	0	0	0	0	0	0	0	0	0	0	0	0	0	0	0	0	0	0	0	0	0	0	0	0	0	0	0	0	0
AC	0	0	0	0	0	0	0	0	0	0	0	0	0	0	0	0	0	0	0	0	0	0	0	0	0	0	0	0	0	0	0	0	0	0	0	0
AD	0	0	0	0	0	0	0	0	0	0	0	0	0	0	0	0	0	0	0	0	0	0	0	0	0	0	0	0	0	0	0	0	0	0	0	0
AE	0	0	0	0	0	0	0	0	0	0	0	0	0	0	0	0	0	0	0	0	0	0	0	0	0	0	0	0	0	0	0	0	0	0	0	0
AF	0	0	0	0	0	0	0	0	0	0	0	0	0	0	0	0	0	0	0	0	0	0	0	0	0	0	0	0	0	0	0	0	0	0	0	0
AG	0	0	0	0	0	0	0	0	0	0	0	0	0	0	0	0	0	0	0	0	0	0	0	0	0	0	0	0	0	0	0	0	0	0	0	0
AH	0	0	0	0	0	0	0	0	0	0	0	0	0	0	0	0	0	0	0	0	0	0	0	0	0	0	0	0	0	0	0	0	0	0	0	0
AI	0	0	0	0	0	0	0	0	0	0	0	0	0	0	0	0	0	0	0	0	0	0	0	0	0	0	0	0	0	0	0	0	0	0	0	0
AJ	0	0	0	0	0	0	0	0	0	0	0	0	0	0	0	0	0	0	0	0	0	0	0	0	0	0	0	0	0	0	0	0	0	0	0	0

그림 39 생성된 인접 행렬

분석 단계

실제로 연결 중심성을 계산해보자. 연결 중심성을 계산하는 명령어는 **degree**이다. 여기에서는 가중치를 반영하지 않았기 때문에 단순 연결 중심성이 계산된다.

```
## 연결 중심성 계산
centrality <- degree(dat=adjacency,
    ➡gmode="digraph", diag=FALSE, cmode="freeman",
    ➡rescale=FALSE)
```

위 코드를 입력하면 계산된 값들이 centrality라는 이름으로 저장된다.

dat 옵션에는 앞에서 생성한 인접 행렬 데이터의 이름을 넣는다. **gmode** 옵션은 그래프의 방향성 여부를 지정하는 옵션으로 기본적으로 에지에 방향성이 있다고 본다. **diag** 옵션을 사용하여 인접 행렬의 대각 성분을 고려할지 선택할 수 있다. 앞에서 언급했듯이 대각 성분은 어떤 노드로부터 나온 에지가 다시 자신에게 연결되는 경우에 생기는 것이므로 물류 네트워크에서는 의미가 없을 가능성이 높다. **cmode** 옵션은 계수 기준을 정하는 옵션인데, 따로 설정하지 않으면 입력 연결과 출력 연결을 모두 포함하는 "freeman"으로 계산한다. **rescale** 옵션의 경우 TRUE로 두면 계산한 연결 중심성 값을 기준으로 모든 노드의 중심성 값의 총합이 1이 되도록 비율로 환산하여 제시하도록 한다. 기본 설정은 FALSE이다.

표 6 명령어 degree

명령어	옵션	기능	값
degree()	gmode	방향성 여부 설정 (기본) 방향성 있는 그래프	"digraph", "graph"
	diag	대각 성분이 유효한지 설정 (기본) 유효하지 않음	TRUE, FALSE
	cmode	입력 연결 또는 출력 연결만 계수 가능 (기본) freeman, 모두 계수	"indegree", "outdegree", "freeman"
	rescale	중심성 지표의 총합이 1이 되도록 조정 (기본) 조정하지 않음	TRUE, FALSE

이제 **gplot** 명령어를 사용하여 그래프를 그릴 수 있다. 다양한 옵션이 있으며, 각 옵션을 적절하게 조정함으로써 그래프의 가독성을 높일 수 있다.

```
## 그래프 그리기
gplot(dat=adjacency, mode="circle", label.cex=0.8,
    ➥edge.col="grey", displaylabels=TRUE, vertex.
    ➥cex=sqrt(centrality), vertex.col ="white",
    ➥label.pos=5)
```

`dat` 옵션에는 인접 행렬의 이름을 넣어준다. `mode`는 그래프의 형태를 지정하는 옵션으로 이 예제에서는 원형 그래프를 그리기 위해 "circle"로 설정하였다. `label.cex`는 레이블의 크기를 조정해주는 옵션으로 1이 기본값이다. `edge.col`을 사용해 에지의 색을 지정하며, `displaylabels` 옵션을 TRUE로 설정하여 노드 레이블을 보이도록 할 수 있다. `vertex.cex`는 노드의 크기를 숫자로 지정한다. 이때 앞에서 계산한 연결 중심성 값을 넣어주면 중심성 값을 기반으로 각 노드의 크기가 조절된다. 여기에서는 제곱근을 구하는 명령어 `sqrt`를 사용하여 노드가 과도하게 커지는 것을 방지하였다. 이외에도 여러 옵션들이 있으며 몇 가지 유용한 옵션에 대한 설명을 아래 [표 7]로 정리하였으므로, 이를 참고하여 옵션의 값을 다양하게 변화시켜 보도록 한다.

표 7 명령어 gplot

명령어	옵션	기능	값
gplot()	gmode	방향성 여부 (기본) 방향성 있는 그래프	"digraph", "graph"
	thresh	표현할 에지의 최소값으로, 설정한 값보다 작으면 표시하지 않음 (기본) 0, 모든 에지를 표시	숫자
	usearrows	에지를 화살표로 나타낼지 여부	TRUE, FALSE
	mode	그래프에서 노드의 배치 방식 결정	"circle", "eigen", "fruchtermanrein-gold" "spring" 등
	displayisolates	에지가 없는 노드를 표현할지 여부 (기본) 표시함	TRUE, FALSE
	displaylabels	노드 레이블 표시 여부	TRUE, FALSE
	arrowhead	화살표 머리의 크기 조정	숫자
	label.cex	레이블의 크기 조정	숫자
	label.col	레이블의 색 조정	"white", "grey", "black", "blue", "red" 등
	vertex.cex	노드의 크기 조정	숫자
	vertex.col	노드의 색 조정	"white", "grey", "black", "blue", "red" 등
	edge.lwd	에지의 폭 조정	숫자
	edge.col	에지의 색 조정	"white", "grey", "black", "blue", "red" 등

R에서는 위의 표에 제시된 색 이외에도 매우 다양한 색을 설정할 수 있으니, R 매뉴얼을 보거나 웹사이트 검색을 통해 어떤 색이 있는지 알아보고 원하는 색을 사용하면 된다.

[그림 40]은 위의 코드로 표현한 그래프이다. 이 그래프를 통해 A, B, H, K 등의 노드가 연결이 많은 중요 노드라는 것을 알 수 있다. 이제 실제로 중심성 지표 값을 이용해 의사결정을 해야 한다.

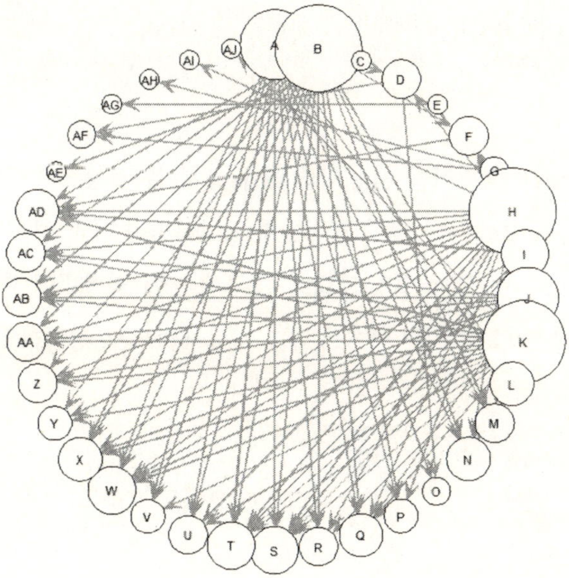

그림 40 예제 네트워크의 단순 연결 중심성 그래프

결과 처리 단계

R은 각종 명령어를 포함하고 있는 만큼, 계산한 중심성 값을 도표로 표시할 수 있는 기능도 갖추고 있다. 여기에서는 **barplot** 명령어를 이용하여 중심성 값을 나타내는 막대그래프를 만들어보기로 한다.

먼저 노드의 이름을 담고 있는 nodelist와, 중심성 값을 담고 있는 centrality를 합쳐 새로운 프레임을 생성한다.

```
## 연결 중심성 정보를 담은 프레임 생성
plot_data <- data.frame(nodelist, centrality)
```

order 명령어를 사용하여 중심성 값을 기준으로 정렬하고, 다시 프레임에 넣어 갱신한다. order 명령어의 기본 설정은 오름차순 정렬이며, 명령어 내부에 '-'를 넣어주면 내림차순으로 정렬한다. 본 예제에서는 내림차순으로 정렬하였다.

```
## 프레임 내림차순 정렬
plot_data <- plot_data[order(-centrality),]
```

이제 **barplot** 명령어로 막대그래프를 그린다. **names.arg** 옵션에는 정렬된 노드의 리스트를 넣어 그래프 아래에 표시되도록 한다. 색을 나타내는 **col** 옵션에는 조건문을 사용해 유지역과 폐지역의 색을 구분할 수 있다. 중심성 값 기준으로 하위 25%에 해당하는, 27위 이하의 역을 나타내는 막대의 색을 변경할 수 있도록 중심성 값이 3 미만일 경우 색을 다르게 칠하는 조건을 주었다. 추가적으로 **xlab**, **ylab** 옵션을 이용해 도표의 축 이름을 지정하고, **main** 옵션에는 도표의 제목을 넣어주면 된다.

```
## 막대그래프 생성
barplot(plot_data[,2],names.arg=plot_data[,1],
col=ifelse(plot_data[,2]<3,"red","blue"), xlab="
노드", ylab="연결 중심성 값", main="연결 중심성 분석
결과")
```

위의 코드들을 입력하면 최종적으로는 [그림 41]과 같은 그래프가 표시되며, 어떤 노드가 높은 중심성 값을 가지는지 시각적으로 알 수 있게 되므로 의사결정에 유용하다.

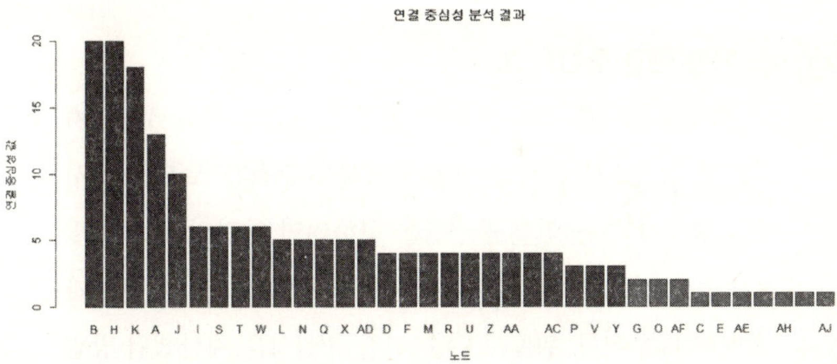

그림 41 분석 결과의 도표

참고사항

1) R은 코드를 입력하여 분석을 수행하기 때문에 주의해야 할 점이 있다. R은 대소문자를 구분하므로, 정확하게 입력해주어야 한다. 명령어 중에 대소문자가 혼합된 명령어를 주의하고, 데이터를 생성할 때도 일관성 있는 기준을 가지고 이름을 짓는 것이 좋다.
2) 여기에서는 입력 연결과 출력 연결을 모두 고려한 중심성을 계산하였으나, 목적에 따라 옵션을 변경시켜주면 입력 중심성이나 출력 중심성을 모두 구할 수 있다.
3) 중심성의 계산은 모두 비슷한 코드로 수행할 수 있는데, 인접 중심성은 `closeness` 명령어를, 매개 중심성은 `betweenness` 명령어를 사용한다. 다만 R에서는 Gephi에서처럼 인접 중심성과 매개 중심성을 계산하는 일이 간단하지 않은데, 이 책에서는 다루지 않았다.

가중 연결 중심성 계산

위에서 제시한 코드는 단순 연결 중심성을 구한 것이었기 때문에 여기에서는 가중 연결 중심성을 구하는 코드를 제시한다. R에서 가중 연결 중심성을 구하려면 약간의 변형이 필요한데, 인접 행렬의 성분에 이진수가 아닌 가중치가 들어가야 하기 때문이다. 위에서 단순 연결 중심성을 계산했던 방법과 유사하므로 코드와 함께 약간의 설명만 덧붙여 아래 [표 8]로 제시하였다.

표 8 가중 연결 중심성 계산 코드

```
nodelist <- as.matrix(read.csv(file="coal_node.csv",
    ➥header=TRUE, sep=","))
```

노드 리스트를 불러와 행렬로 전환하고 nodelist라는 이름으로 저장

```
w_edgelist <- as.matrix(read.csv(file="coal_edge_
    ➥weighted.csv", header=FALSE))
```

가중치가 포함된 에지 리스트를 불러와 행렬로 전환하고, w_edgelist라는 이름으로 저장

```
w_adjacency <- matrix(0, 36, 36)
```

인접 행렬을 넣을 공간인 w_adjacency를 생성

```
rownames(w_adjacency) <- nodelist
```

인접 행렬의 행 이름을 지정

```
colnames(w_adjacency) <- nodelist
```

인접 행렬의 열 이름을 지정

```
for(i in 1:nrow(w_adjacency)) { w_adjacency[w_
    ➥edgelist[i,1],w_edgelist[i,2]] <- w_edgelist[i,3] }
```

1부터 인접 행렬의 행 수(노드의 수 36)까지 인덱스를 증가시켜 나가면서 인접 행렬의 성분에 해당하는 에지의 가중치를 입력

```
final_adjacency <- matrix(as.numeric(w_adjacency), 36, 36)
```

행렬이 문자형으로 저장되므로, 숫자형 행렬로 전환하여 final_adjacency라는 이름으로 저장

```
rownames(final_adjacency) <- nodelist
colnames(final_adjacency) <- nodelist
```

행과 열의 이름을 다시 지정

```
w_centrality <- degree(final_adjacency, rescale=TRUE)
```

연결 중심성을 계산하여 w_centrality에 저장, 이 때 rescale 옵션으로 값 조정

```
gplot(final_adjacency, vertex.cex=w_centrality*30,
    ➥mode="circle", vertex.col="white", edge.col="grey",
    ➥displaylabels=TRUE, label.pos=5)
```

적절한 옵션을 사용하여 그래프를 그림

중심성을 계산할 때 rescale 옵션을 쓴 것은, 계산된 가중 연결 중심성을 그대로 노드 크기로 설정할 경우 노드가 과도하게 커지기 때문에 이를 줄여주기 위한 것이다. vertex.cex 명령어에서는 조정된 중심성 값을 적당히 키워주기 위해 30을 곱해주었다. 이를 통해 계산된 그래프는 [그림 42]와 같다. 위에서 그린 단순 연결 중심성 그래프와는 차이를 보이는 것을 알 수 있다.

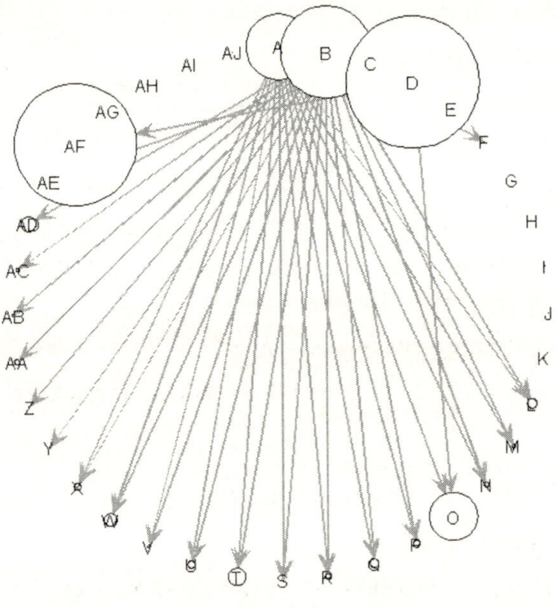

그림 42 예제 네트워크의 가중 연결 중심성 그래프

Gephi와 R의 비교

Gephi는 시각화에 중점을 둔 도구답게 시각적으로 보기 편한 그래프를 제공한다. 사용자 인터페이스가 구현되어 있기 때문에 분석과 편집이 R에 비해 훨씬 간편하다. 특히 노드와 에지의 크기와 색을 세부적으로 조정할 수 있다. 데이터 입력을 할 때도 Gephi가 훨씬 편리한데, 에지 리스트만 넣어 노드 리스트를 생성하는 기능도 있고, 행과 열의 삭제와 추가를 단순히 버튼을 클릭하여 수행할 수 있다. 다만 출발지와 도착지가 동일한 트랜잭션이 들어가면 가장 마지막 트랜잭션이 덮어쓰는 문제점이 있기 때문에 반드시 전처리하여 넣어주어야 하며, 이미 구현된 기능만 사용할 수 있다는 것이 단점이다.

R의 경우 RStudio라는 개발환경을 이용할 수는 있으나 기본적으로 콘솔에 코드를 입력하는 방식이기 때문에 익히고 사용하기가 어렵다. 능숙하게 사용하려면 각종 패키지와 명령어의 사용법을 숙지하여야 하기 때문에 상대적으로 더 많은 시간이 소요되는 것이다. 또한 그래프를 그리기 위해서 에지 리스트를 인접 행렬로 변환시켜주어야 하는 번거로움도 존재한다. 그러나 일단 데이터를 입력하기만 하면 다양한 추가 분석이 가능하다는 장점이 있다. 함수를 활용하거나 조건문, 반복문을 구현하여 데이터를 원하는 대로 편집하는 것은 Gephi에서는 수행할 수 없는 R의 장점이다.

Gephi나 R 모두 네트워크를 다루며, 중심성을 계산하는데 사용할 수 있는 유용한 분석 도구이므로 장단점을 고려하여 분석 목적과 상황에 맞게 선택하여 사용하면 된다.

4.4

연습 문제

이 절에서는 몇 가지 연습문제를 제시하였다. 대부분 위의 예제를 이해하였다면 충분히 해결할 수 있다. 문제 3번에서는 예제에서 다루지 않은 매개 중심성, 인접 중심성을 계산해보도록 하였다. 여러 가지 설정을 바꿔가면서 다양한 그래프를 그려봄으로써 목적에 맞는 그래프를 그릴 수 있기를 바란다.

1. **(그래프 편집)** 어떤 제품의 유통과 관련된 네트워크가 있다. 이 네트워크에는 생산공장 X, Y, Z와 도매상 A, B, C, D가 있고 소매상 I, J, K, L가 있다. 소매상들은 도매상으로부터 물건을 사들이며, 도매상은 생산공장으로부터 물건을 들여온다. 이 네트워크의 거래 관계가 다음 표에 나타나 있다.

생산공장	도매상	소매상
X	I, J	A
Z	J, L	B
Y	I, K, L	C
Y, Z	J	D

Gephi 또는 R을 활용하여 소매상, 도매상 간 관계를 보여주는 그래프를 그리시오. 이때 다양한 설정과 편집을 통해 가독성 높은 그래프를 만들어 보시오.

※ 힌트: 표를 이용하여 에지 리스트를 만들어 주어야 함

2. **(분석 결과의 활용)** 철강 품목의 트랜잭션 데이터인 'steel_node.csv', 'steel_edge.csv', 그리고 'steel_edge_weighted.csv' 파일을 다운로드하고, 예제와 동일한 절차대로 진행한 뒤 그래프를 그리시오. 중심성 값을 활용해 하위 25%에 해당하는 역을 찾으시오.

3. **(중심성 지표)** 택배 회사 A에서는 새로운 물류 네트워크를 구축하려고 하고 있으며 이에 대한 정보는 'new_network.csv' 파일에 저장되어 있다. Gephi를 사용하여 매개 중심성과 인접 중심성을 계산하고, 어떤 노드가 물류 거점이

되기에 알맞은지 찾으시오. 즉, 두 지표를 계산하여 가장 높은 값을 가지는 노드를 구하고, 두 노드가 같은 노드인지 알아보시오. 단, 이 문제에서 노드 간의 거리는 무시하며 방향성 없는 네트워크로 가정한다.

제 5 장

연습문제 정답

1. 그래프 편집

주어진 표의 정보를 이용해, 시작 노드와 끝 노드를 결정하여 에지를 만든다. 이때, 마이크로소프트 엑셀 등을 활용하여 에지 리스트를 생성한다.

아래 왼쪽 표는 생성한 에지 리스트이고, 오른쪽 그림은 이 에지 리스트를 Gephi로 입력하여 그린 그래프이다. 가독

Source	Target
X	I
X	J
Z	J
Z	L
Y	I
Y	K
Y	L
Y	M
Z	M
I	A
J	A
J	B
L	B
I	C
K	C
L	C
M	D

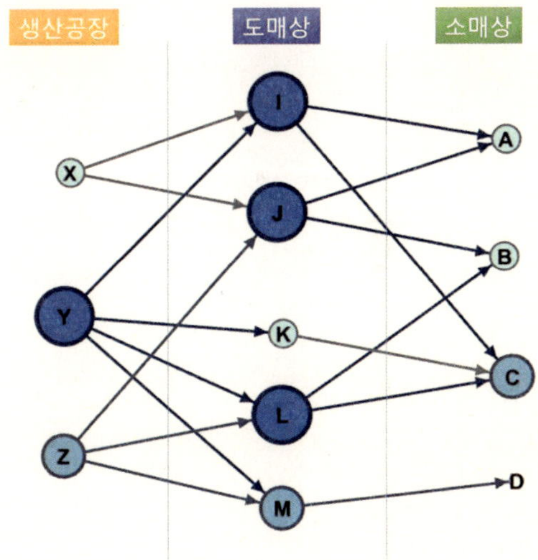

성을 높이기 위해 연결 중심성 값을 기준으로 크기를 조정하고 색을 지정해 주었으며, 노드 수가 적기 때문에 직접 노드들을 배치하였다. 마이크로소프트 파워포인트 등으로 추가작업을 해 주어도 된다.

2. 분석 결과의 활용

철강의 인접 행렬은 다음과 같다

	A	B	C	D	E	F	G	H	I	J	K	L	M	N	O	P
A	0	1	1	1	0	0	0	0	0	0	0	0	0	0	0	0
B	1	0	1	1	1	0	1	1	1	1	1	1	0	0	0	0
C	0	0	0	0	0	0	0	0	1	0	0	0	0	1	0	0
D	0	1	0	0	1	1	0	0	0	0	0	0	0	0	0	0
E	0	0	0	0	0	1	0	0	0	0	0	0	0	0	0	0
F	0	0	0	0	0	0	0	0	0	0	0	0	0	1	0	0
G	0	0	0	0	0	0	0	0	0	0	0	0	0	0	0	0
H	0	1	0	0	0	0	0	0	0	0	1	1	0	0	0	0
I	0	1	1	0	0	1	0	1	0	0	1	0	0	0	0	0
J	0	0	0	0	0	0	0	0	0	0	1	0	0	0	0	0
K	0	1	1	1	0	1	1	0	1	1	0	1	0	0	0	0
L	0	0	0	1	0	0	0	0	0	0	0	0	0	1	0	0
M	0	1	0	0	0	0	0	0	0	0	0	0	0	0	0	0
N	0	0	0	0	0	0	0	0	0	0	0	1	0	0	0	0
O	0	0	0	0	0	1	0	0	0	0	0	0	0	0	0	1
P	0	0	0	0	0	0	0	0	0	0	0	0	0	0	0	0

아래 그림은 단순 연결 중심성을 계산하고, R을 사용해 그린 그래프이다.

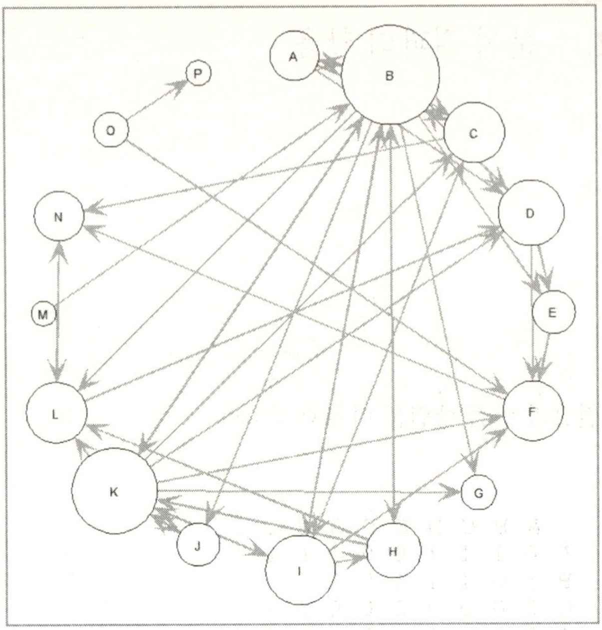

단순 연결 중심성을 통해 그린 막대그래프는 아래와 같다. 단순 연결 중심성을 기준기준으로 했을 때 G, O, M, P가 폐지역으로 선정된다.

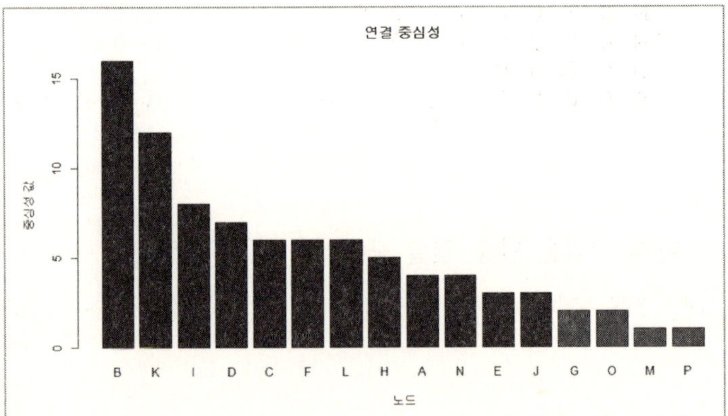

아래 코드를 이용해 가중 연결 중심성을 계산할 수 있다.

```
nodelist <-as.matrix(read.csv(file="C:\\Users\\User\\Desktop\\steel_node.csv",
header=TRUE))
w_edgelist <-
as.matrix(read.csv(file="C:\\Users\\User\\Desktop\\steel_edge_weighted.csv",
header=TRUE))
w_adjacency<-matrix(0, 16, 16)
rownames(w_adjacency)<-nodelist
colnames(w_adjacency)<-nodelist
for(i in 1:43) {w_adjacency[w_edgelist[i,1],w_edgelist[i,2]]<- w_edgelist[i,3]}
final_adjacency<- matrix(as.numeric(w_adjacency), 16, 16)
rownames(final_adjacency) <- nodelist
colnames(final_adjacency) <- nodelist
w_centrality <- degree(final_adjacency, rescale=TRUE)
gplot(final_adjacency, vertex.cex=w_centrality*30, mode="circle", vertex.col="white",
edge.col="grey", displaylabels=TRUE, label.pos=5)
```

계산하여 나타낸 결과이다. 이에 따라 하위 25%에 해당하는 H, M, O, P를 폐지역으로 선정할 수 있다.

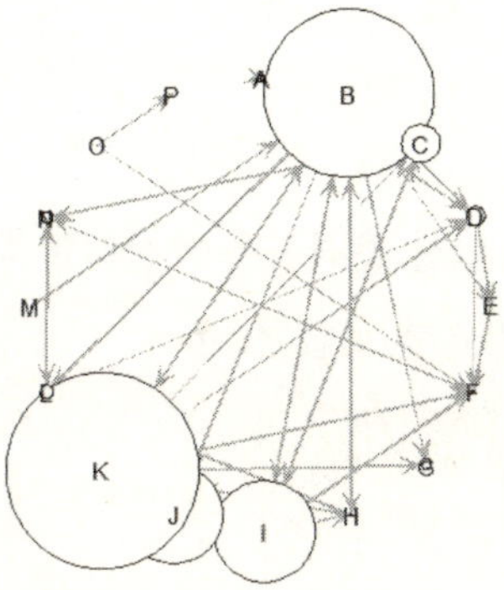

Label	Weighted Degree	Rank
K	343523	1
B	298611	2
I	178552	3
J	173076	4
C	67780	5
D	33732	6
L	23553	7
N	20243	8
G	14924	9
A	7864	10
F	5265	11
E	2223	12
H	597	13
M	53	14
O	36	15
P	18	16

3. 중심성 지표

주어진 상황을 나타내면 아래 그림과 같다.

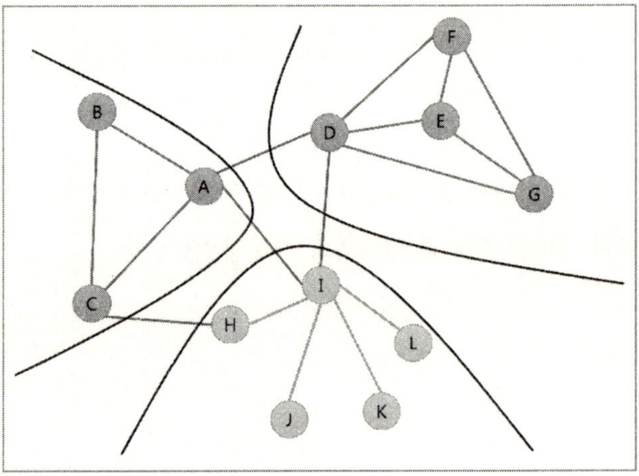

Gephi를 통해 매개 중심성과 인접 중심성을 계산하면 아래 표와 같으며, 이를 이용해 그래프를 그릴 수 있다.

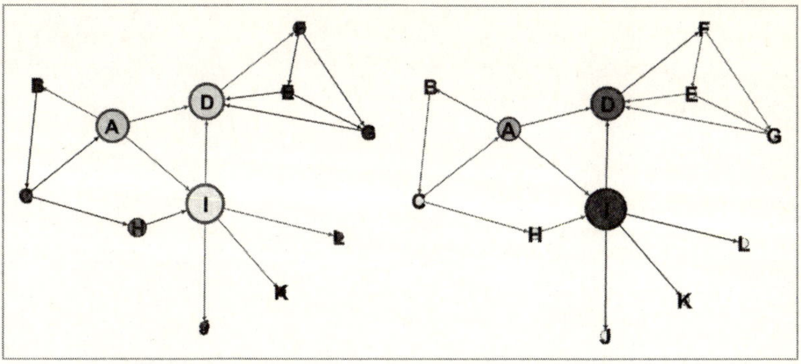

두 지표를 계산한 결과 노드 I가 가장 물류 거점이 되기에 적합하다. 다만, 이 경우는네트워크 중심성 지표만으로 노드 중요성을 판단한 것이므로, 실제 물류 거점을 선택할 때는 다양한 요소들이 고려되어야만 한다.

제 6 장

맺음말

네트워크는 우리 생활 곳곳에 깊숙이 들어와 있는 개념이다. 기존에 물리적 구조를 설명하는 방법으로 사용되던 수준에서 벗어나 이제는 생물학적, 사회학적 현상을 표현할 때에도 네트워크가 쓰이게 되었나. 더욱이 빅데이터 시대를 맞이하여 네트워크 분석의 중요성이 더욱 커지고 있으므로, 대규모 네트워크를 시각적으로 표현하고 그 안에서 의미를 찾아내는 것은 매우 유용한 작업이라 할 것이다.

이 책에서는 네트워크 이론 중에서도 네트워크 중심성 이론을 다루었다. 네트워크 중심성은 네트워크 상에서 중요한 노드가 무엇인지 판단하는 기준이 된다. 네트워크의 핵심 노드를 알게 되면 해당 노드를 공격이나 파괴로부터 보호하기 위한 방책을 마련하거나, 자원을 더 투입하여 노드의 부하를 줄여줄 수 있다. 또한 중요하지 않은 노드를 찾아내면 이를 제거하여 불필요한 비용을 감소시키는 효과를 볼 수도 있다. 이와 같이 다양한 의사결정을 하는 것을 돕는다는 것에 중심성 분석의 의의가 있다.

여기에서는 실제 철도 물류 데이터를 대상으로 중심성 지표를 계산해 봄으로써 분석 방법에 대한 이해를 도왔다. 이제 독자들은 비슷한 유형의 문제에 네트워크 분석을 적용할 수 있게 되었을 뿐만 아니라, 다른 문제를 해결하는 데에도 방향을 잡을 수 있을 것이다.

실습 과정에서 네트워크 분석 도구인 Gephi와 R의 sna 패키지를 사용하였는데, 예제에서 수행한 중심성이나 페이지랭크의 계산은 이 도구들이 가진 수많은 기능 중 극히 일부분만을 사용한 것에 지나지 않는다. 두 분석 도구는 대부분의 네트워크 문제를 해결할 수 있는 잠재력을 가지고 있으므로 여러 가지 기능을 사용해보며 익히도록 하자.

끝으로, 독자 여러분이 빅데이터 시대에 데이터로부터 의미를 찾아내는 일을 즐기기를 바란다. 빅데이터는 거대한 금광과 같다. 분석 도구를 적절히 사용하는 방법을 익힌다면 충분히 금을 찾아낼 수 있을 것이고, 이는 매우 값진 일이 될 것이다.

부 록

참고문헌

[1] 박건형, '6단계만 거치면 모두 아는 사이? 검색엔진 '베이컨 법칙'에 도전장', 2012.9.18., 서울신문, 25면

[2] Wikipedia, Small world network

[3] Wikipedia, Network theory

[4] 두산백과, 쾨니히스베르크의 다리건너기 문제

[5] Wikipedia, Network Robustness

[6] Wikipedia, Network topology

[7] Wikipedia, Percolation Theory

[8] Wikipedia, Centrality

[9] 이명헌, http://www.emh.co.kr/content.pl?google_pagerank_citation_ranking

[10] 조성문, 쉽게 설명한 구글의 페이지 랭크 알고리즘, http://sungmooncho.com/2012/08/26/pagerank/

[11] Gephi 홈페이지 (http://www.gephi.org)

[12] R 홈페이지 (http://www.r-project.org)

[13] RStudio 홈페이지 (http://www.rstudio.com)

[14] Carter T. Butts, Social network analysis with sna, 2008, *Journal of Statistical Software*

[15] 허명회, R을 활용한 사회네트워크분석 입문, 자유아카데미, 2010. 9. 30

찾아보기